Mon premier français: 10 minutes par jour.

프랑스어 **찐 왕초보**를 위한 **100일 완성** 프로젝트

하루 10분

주미에르의
처음 프랑스어
French

노민주(주미에르) 지음

주미에르의
처음 프랑스어

초판 1쇄 발행 2025년 4월 8일
초판 2쇄 발행 2025년 8월 15일

지은이 노민주(주미에르)
펴낸곳 (주)에스제이더블유인터내셔널
펴낸이 양홍걸 이시원

홈페이지 www.siwonschool.com
주소 서울시 영등포구 영신로 166 시원스쿨
교재 구입 문의 02)2014-8151
고객센터 02)6409-0878

ISBN 979-11-6150-963-1
Number 1-521106-26263120-09

이 책은 저작권법에 따라 보호받는 저작물이므로 무단복제와 무단전재를 금합니다. 이 책 내용의 전부 또는 일부를 이용하려면 반드시 저작권자와 ㈜에스제이더블유인터내셔널의 서면 동의를 받아야 합니다.

주미에르의
처음 프랑스어
French

머리말

새로운 배움에 대한 설렘과 함께,
즐기면서 공부하시길 바라요!

Coucou !
주미에르(노민주) 입니다.

영어를 오랜 기간 배웠지만, 막상 입을 열려면 말이 쉽게 나오지 않는 경험.

단어와 문법은 머릿속에 가득한데, 정작 외국인을 만나면 말문이 턱 막혀버리는 순간들.

저도 그런 시행착오를 겪어봤기에, 지금 프랑스어를 배우는 여러분은 조금이라도 더 편하게, 부담 없이 시작했으면 좋겠다고 생각했어요.

새로운 언어를 배운다는 것은 단순한 암기 이상의 의미가 있죠. 바로 새로운 세계를 만나는 과정이라는 것! 프랑스어가 여러분의 삶에 새로운 색깔을 더해주는 즐거운 경험이 되기를 바라며, <주미에르의 처음 프랑스어>는 초보자의 입장에서 배우는 과정 자체가 흥미로울 수 있도록 작은 부분까지 고민했습니다.

재미는 기본! 하지만 쉽기만 한 책은 아닙니다.
알차고 탄탄한 내용! 하지만 부담스럽지는 않을 거예요.

우리는 오랫동안 '외우는 공부'에 익숙해져 왔죠. 단어를 줄줄 외우고, 문법 규칙을 달달 암기하고… 하지만 그렇게 공부하다 보면, 어느 순간 머리만 가득 차고, 정작 말해야 할 순간엔 입이 얼어붙어 버립니다.

그래서 이 책에서는 문법 설명만 하는 게 아니라, 직접 말하면서 익힐 수 있도록 만들었어요. 배운 표현을 따라 말하고, 응용하면서 자연스럽게 익히는 과정을 가질 거예요. 눈으로만 보면 '아, 알겠다!' 싶은데, 막상 입을 열려면 뭔가 어색하고 헷갈리는 경험이 있지 않으셨나요? 그런데 직접 따라 말해보면 신기하게도 입이 점점 익숙해져요.

<주미에르의 처음 프랑스어>를 위해 한 강, 한 강 직접 자료를 만들면서 어떻게 하면 더 쉽게, 더 자연스럽게 익힐 수 있을까 더 나은 방법을 찾으려 신경썼어요. 하나를 배우면 거기서 끝이 아니라, 그걸 응용해 다양한 표현을 할 수 있도록 만들었습니다. 이 책을 통해 익힌 표현들을 활용하면, 프랑스어로 하고 싶은 말을 더 자유롭게 할 수 있을 거예요.

프랑스어를 배우는 과정이 부담이 아닌 즐거운 경험이 될 수 있도록, 저 주미에르가 든든한 밑거름 그리고 길잡이가 되어 드릴게요. 그럼, 함께 시작해 볼까요?

C'est parti !

이 책의 구성과 특징

오늘의 체크 포인트
각 과에서 배우게 될 내용을 미리 확인하는 코너예요. 부담 갖지 말고 가벼운 마음으로 이번 과의 주요 내용을 살펴보세요!

오늘의 학습 내용
프랑스어의 개념들을 하나하나 잘게 나눠 기초부터 쉽게 알려드려요. 친절하고 명쾌한 설명은 물론, 활용만점인 다양한 예문과 함께 재미있게 프랑스어를 공부해 보세요!

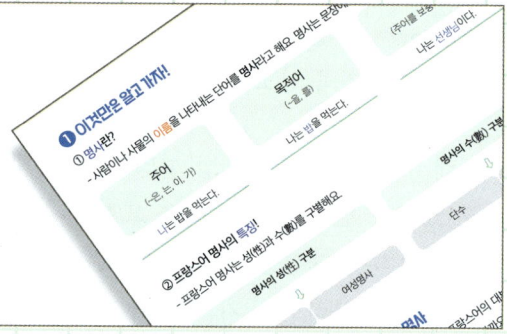

처음 회화
각 과마다 짧지만 알찬 회화문을 담았어요. 원어민 MP3를 들으며 자연스러운 발음과 억양을 익히고, 실생활에서 활용할 수 있도록 연습해 보세요!

Quiz
이번 과에서 배운 내용을 얼마나 잘 이해했는지 확인해볼까요? 간단한 문제를 풀어보며 실력을 점검하고 자신감을 키워보세요!

종합 연습문제

각 Unité에서 배운 내용을 한눈에 점검할 수 있는 코너예요. 문제를 풀며 배운 내용을 복습하고, 스스로 얼마나 잘 이해했는지 확인해보세요. 완벽한 학습을 위한 마지막 점검 시간입니다!

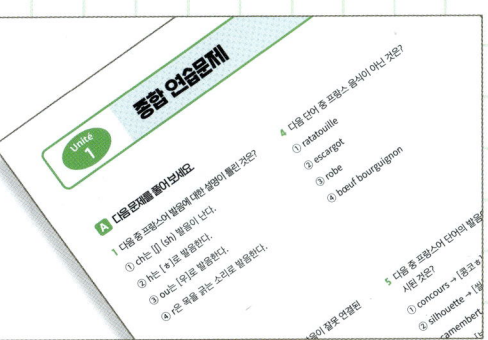

처음 Talk talk!

원어민들이 가장 많이 사용하는 기초 회화 표현을 알려드려요. 주미에르 선생님의 무료 동영상도 함께 제공되니 프랑스어 말문트기 연습, 문제없겠죠?

원어민 무료 MP3
원어민 성우의 정확한 발음을 듣고 따라하며 반복 연습할 수 있도록 무료 MP3 파일을 제공합니다.

말하기 트레이닝 무료 동영상
프랑스어 기초 회화 표현을 연습할 수 있는 무료 동영상을 제공합니다. 교재에 있는 QR을 찍고, 주미에르 선생님과 말하기 훈련을 해 보세요.

기초 단어, 동사 변화표, 쓰기 노트 PDF
복습할 때 활용할 수 있는 PDF 3종을 무료로 제공합니다. 언제 어디서나 간편하게 프랑스어를 공부하세요.

저자 직강 동영상 강의
학습 효과를 100% 높일 수 있는 저자 유료 동영상 강의를 제공합니다. 동영상 강의는 france.siwonschool.com에서 확인하세요.

목차

- 머리말 ·· 004
- 이 책의 구성과 특징 ··· 006

Unité 1. 발음 Warm-up!

Leçon 001 "시크한데~" 일상 속 프랑스어로 발음 유추하기
내가 이미 알고 있던 일상 속의 프랑스어 ··· 020

Leçon 002 "라따뚜이!" 프랑스 음식 & 치즈들로 발음 유추하기
내가 이미 알고 있던 프랑스 음식들 ··· 022

종합 연습문제 ··· 024
처음 Talk talk! ··· 026

Unité 2. 프랑스어 발음과 필수 회화

Leçon 003 프랑스어 알파벳은 "아베쎄데 으에프줴~?!" (1)
알파벳 A~K ··· 028

Leçon 004 프랑스어 알파벳은 "아베쎄데 으에프줴~?!" (2)
알파벳 L~Z ··· 030

Leçon 005 알파벳이 모자를 썼다! 프랑스어의 Accent 알아보기
프랑스어 강세 부호(Accent)의 종류와 역할 ····································· 032

Leçon 006 파리? 빠히!
프랑스어 자음은 어떻게 발음될까? ··· 034

Leçon 007 스타일? 스띨!
프랑스어 모음은 어떻게 발음될까? ··· 036

Leçon 008 부드럽~게 이어줘요, 연음!
프랑스어 발음을 세련되게 만들어주는 필수 요소, 연음! ··············· 038

Leçon 009 봉쥬~ 멕씨~ 마법의 표현들!
기본 인사와 감사 표현, 감사에 대답하는 표현 ································· 040

Leçon 010	프랑스어의 "아임파인 땡큐 앤유?"	
	안부 묻고 답하는 표현	042
Leçon 011	앗! 빠흐동 ㅠㅠ 미안해~	
	사과 표현과 대답 표현	044
Leçon 012	좋은 하루 되세요!	
	헤어질 때 인사 표현	046
Leçon 013	프랑스식 '좋은' 표현!	
	bon 하나로 응원, 축하, 기원 모두 가능한 만능 표현!	048

종합 연습문제 050
처음 Talk talk! 052

Unité 3. 프랑스어의 왕! 명사

Leçon 014	명사란? 아버지는 남성명사, 어머니는 여성명사	
	명사의 개념, 명사의 성(性), 프랑스어 명사의 분류 (1)	054
Leçon 015	남자는 에뛰디엉, 여자는 에뛰디엉뜨	
	명사의 성(性), 프랑스어 명사의 분류 (2)	056
Leçon 016	태양은 남성명사, 달은 여성명사	
	명사의 성(性), 프랑스어 명사의 분류 (3)	058
Leçon 017	단수와 복수! s만 붙이면 복수 완성!	
	명사의 수(數), 명사의 복수형 만들기	060

종합 연습문제 062
처음 Talk talk! 064

Unité 4. 명사의 왼팔, 관사

| Leçon 018 | 관사란? 프랑스어의 부정관사! | |
| | 부정관사 | 066 |

Leçon 019 le, la, les 프랑스어의 '그' 정관사!
정관사 068

Leçon 020 du, de la, des 프랑스어의 부분관사!
부분관사 070

Leçon 021 관사들을 복습하며 Quiz Time !
관사 복습 072

종합 연습문제 074

처음 Talk talk! 076

Unité 5. 프랑스어의 be 동사, 근본이 되는 être

Leçon 022 문장의 주인! 주어와 주어 인칭 대명사
주어의 개념과 프랑스어 주어 인칭 대명사 078

Leçon 023 주어 인칭 대명사가 être 동사를 만나면?
프랑스어에서 제일 중요한 동사! être의 동사변화 080

Leçon 024 on, 너의 정체는…
프랑스어의 특별한 주어 인칭 대명사, on 082

Leçon 025 être 동사 하나면 소개 끝~
être 동사로 이름, 직업, 국적, 종교 말하기 084

Leçon 026 만능 표현 c'est ! '이건 정원이야.'
만능 표현 C'est 086

Leçon 027 만능 표현 ce sont ! '이것들은 자동차들이야.'
만능 표현 Ce sont 088

Leçon 028 누구냐고? 나야! 강세형 인칭 대명사
강세형 인칭 대명사의 개념과 활용 090

Leçon 029 강세형 인칭 대명사의 다양한 쓰임들
강세형 인칭 대명사를 활용한 다양한 문장들 092

Leçon 030 부정문, 동사만 찾고 ne pas로 가두기
생각보다 아주 쉬운 프랑스어 부정문 ··· 094

Leçon 031 의문문, 억양만 올려봐요! 그러면 완성~
생각보다 아주 쉬운 프랑스어 의문문 ··· 096

Leçon 032 뭐라고 대답하지?
원어민처럼 보일 수 있는 대답 표현들 ··· 098

종합 연습문제 ··· 100
처음 Talk talk! ·· 102

Unité 6. 명사의 오른팔, 형용사

Leçon 033 꾸미기? 형용사에게 맡겨!
형용사의 개념과 프랑스어 필수 형용사들 ································· 104

Leçon 034 어디에서 꾸며줄까?
형용사의 위치 ··· 106

Leçon 035 앞에서도 꾸며주~지!
형용사의 위치 (2) ··· 108

Leçon 036 형용사야! 명사한테 잘 맞춰줘~
형용사의 성수일치, 여성형 ·· 110

Leçon 037 형용사에도 s를 붙인다?!
형용사의 성수일치, 복수형 ·· 112

Leçon 038 모음, h로 시작하는 남성명사 앞에서 또 새로워지는 형용사들
형용사 남성 제2형 ··· 114

Leçon 039 음, 맛있다! C'est bon !
활용도 만점! C'est + 형용사 표현 ·· 116

Leçon 040 오, 정말 맛있다! C'est tres bon !
문장을 풍부하게! 부사 ··· 118

종합 연습문제 120

처음 Talk talk! 122

Unité 7. 숫자

Leçon 041   어서 와, 프랑스어 숫자는 처음이지? 0~19

               숫자 0~19 124

Leçon 042   그래도 이건 규칙이 있다! 20~69

               숫자 20~69 126

Leçon 043   숫자는 연음을 좋아해~

               숫자 + 단위 표현 연음해보기 128

Leçon 044   이제 시간도 말할 수 있다고~

               시간 말하기 130

Leçon 045   프랑스어 서수는 더 쉽다!

               서수 132

Leçon 046   도전! 복잡한 숫자! 70~99

               포기하지 말아요! 숫자 70~99 134

종합 연습문제 136

처음 Talk talk! 138

Unité 8. 지시사와 소유사

Leçon 047   '이, 그, 저' 극강의 효율! ce, cette, ces

               지시 형용사 140

Leçon 048   만능 대명사~ 너무 좋잖아! 지시 대명사!

               지시 대명사 142

Leçon 049 이건 내 피아노야. 프랑스어는 소유를 좋아해.
               소유 형용사 ··· 144

Leçon 050 내 거는 내 거, 네 거도 내 거! 소유 대명사도 보고 가요~
               소유 대명사 ··· 146

종합 연습문제 ··· 148

처음 Talk talk! ··· 150

Unité 9. 프랑스어의 또 다른 기본 동사, avoir

Leçon 051 주어들이 avoir 동사를 만나면?
               avoir 동사의 동사변화 ··· 152

Leçon 052 나 검은 고양이 있다~
               avoir 동사를 활용한 다양한 문장 ··· 154

Leçon 053 물 있어요?
               avoir 동사를 활용한 다양한 의문문 ··· 156

Leçon 054 나는 서른 살이야.
               avoir 동사로 나이 말하기 ··· 158

Leçon 055 배고프고, 졸리고, 추워..
               avoir 동사로 상태 표현하기 ··· 160

Leçon 056 에펠탑이 있어.
               "~이 있다"를 말하는 Il y a 표현 ··· 162

Leçon 057 침대 밑에 고양이 한 마리가 있어.
               Il y a 표현과 장소 전치사 ··· 164

종합 연습문제 ··· 166

처음 Talk talk! ··· 168

Unité 10. 프랑스어의 꽃, 동사

Leçon 058 동사란? 동사의 분류 / 프랑스어 동사 맛보기!
프랑스어 동사의 분류, 동사 맛보기 ·· 170

Leçon 059 본격적인 프랑스어! 환영합니다. 1군 동사!
1군 규칙 동사 ·· 172

Leçon 060 특별하게 바뀌는 1군 동사가 있다?!
1군 변칙 동사 ·· 174

Leçon 061 2군 동사는 이런 규칙이 있어요.
2군 규칙 동사 ·· 176

Leçon 062 2군 동사와 친해지는 시간~
2군 동사 예문들 ·· 178

Leçon 063 불규칙하지만 너무 중요한걸요, 3군 동사!
3군 불규칙 동사 ·· 180

Leçon 064 3군 동사와 친해지길 바라!
3군 동사 예문들 ·· 182

종합 연습문제 ··· 184

처음 Talk talk! ·· 186

Unité 11. 오락가락 동사들

Leçon 065 알레알레!! 파리에 가 보자, aller 동사
aller 동사의 동사변화 ·· 188

Leçon 066 어디 가는데~?
의문사 où ··· 190

Leçon 067	à 와 정관사가 만나면?	
	전치사 à의 축약	192
Leçon 068	이거 타고 가! 교통수단과 함께 쓰는 전치사들!	
	전치사와 교통수단 함께 말하기	194
Leçon 069	어디에서 왔니? venir 동사	
	venir 동사 : 오다	196
Leçon 070	de 와 정관사가 만나면?	
	전치사 de의 축약	198
Leçon 071	떠나 볼까? partir 동사	
	partir 동사 : 출발하다, 떠나다	200
Leçon 072	언제 떠나~?	
	의문사 quand	202
Leçon 073	이제 도착해~ arriver 동사	
	arriver 동사 : 도착하다	204
Leçon 074	많은 것들을 배웠으니 복습 타임!	
	이동 동사 복습	206

종합 연습문제 208

처음 Talk talk! 210

Unité 12. 프랑스어의 만능 열쇠 동사들

Leçon 075	다 되지~ faire 동사!	
	대표적인 만능 동사 faire	212
Leçon 076	faire 동사, 이렇게도 써요!	
	faire 동사의 다양한 활용	214

Leçon 077	그거 왜 하는데~?	
	의문사 pourquoi	216
Leçon 078	날씨 표현도 가능!	
	faire 동사를 활용한 날씨 표현	218
Leçon 079	이것도 다 되지~ prendre 동사!	
	두 번째 만능 동사 prendre	220
Leçon 080	prendre 동사, 이렇게도 써요!	
	prendre 동사의 다양한 활용	222
Leçon 081	다 되는게 또 있다니! mettre 동사!	
	세 번째 만능 동사 mettre	224

종합 연습문제 … 226

처음 Talk talk! … 228

Unité 13. 원하고, 할 수 있고, 해야 하는 동사들

Leçon 082	나는 치즈 원해! 너는 햄 원해?	
	조동사 vouloir : 원하다	230
Leçon 083	바게트 하나 부탁합니다~	
	vouloir 동사를 활용해 예의 있게 주문하기	232
Leçon 084	나는 할 수 있다!	
	조동사 pouvoir : 할 수 있다	234
Leçon 085	나는 해야 한다!	
	조동사 devoir : 해야 한다	236

종합 연습문제 … 238

처음 Talk talk! … 240

Unité 14. 좋아하는 동사들

Leçon 086 좋아해~ aimer 동사
기호동사의 특징 & 대표적인 기호동사 aimer 복습 : 좋아하다 ········· 242

Leçon 087 je t'aime 에서 t 가 뭘까~요?
직접 목적 보어 대명사 ········· 244

Leçon 088 열렬히 사랑해~ adorer 동사
aimer보다 더 좋아할 때 쓰는 adorer : 매우 좋아하다 ········· 246

Leçon 089 정말 너무 싫어해… détester 동사
불호를 나타내는 détester : 싫어하다 ········· 248

Leçon 090 네가 제일 좋아하는 색깔이 뭐야?
my favorite, 프랑스어로 말하기 ········· 250

종합 연습문제 ········· 252
처음 Talk talk! ········· 254

Unité 15. 들락 날락 동사들

Leçon 091 아버지가방에 "들어가신다" entrer 동사
entrer 동사 : 들어가다 ········· 256

Leçon 092 나갈까? 데이트할까? sortir 동사
sortir 동사 : 나가다 ········· 258

종합 연습문제 ········· 260
처음 Talk talk! ········· 262

Unité 16. 배운 동사도 다시 보자!

Leçon 093 나 다이어트 중이야! être 동사와 전치사
　　　　　　　être 동사를 활용한 다양한 표현　　　　　　　　　　　　　　264

Leçon 094 너한테 잘 어울려~ aller 동사
　　　　　　　aller 동사를 활용한 다양한 표현　　　　　　　　　　　　　　266

Leçon 095 너 뭐 할거야? aller 동사로 가까운 미래 표현하기
　　　　　　　근접 미래　　　　　　　　　　　　　　　　　　　　　　　　268

Leçon 096 나 방금 샤워 했어! venir 동사로 가까운 과거 표현하기
　　　　　　　근접 과거　　　　　　　　　　　　　　　　　　　　　　　　270

Leçon 097 잠이 안 와.. arriver 동사로 상태 표현하기
　　　　　　　arriver 동사를 활용한 다양한 표현　　　　　　　　　　　　　272

종합 연습문제　　　　　　　　　　　　　　　　　　　　　　　　　　　　274
처음 Talk talk!　　　　　　　　　　　　　　　　　　　　　　　　　　　276

Unité 17. 매력적인 프랑스어 표현들!

Leçon 098 프랑스어로 문자를 한다면? 문자 줄임말!
　　　　　　　활용도 최고! 진짜 원어민들이 쓰는 표현 (1)　　　　　　　　278

Leçon 099 거꾸로 말해요! 프랑스어의 은어 verlan
　　　　　　　활용도 최고! 진짜 원어민들이 쓰는 표현 (2)　　　　　　　　280

Leçon 100 필수 만능 문장 10선
　　　　　　　프랑스 여행 전 이건 꼭 알고 가자! 필수 문장 TOP 10　　　　282

종합 연습문제　　　　　　　　　　　　　　　　　　　　　　　　　　　　284
처음 Talk talk!　　　　　　　　　　　　　　　　　　　　　　　　　　　286

종합 연습문제 정답　　　　　　　　　　　　　　　　　　　　　　　　288

Unité 01

발음 Warm-up!

무료 MP3 바로 듣기

Leçon 001

"시크한데~" 일상 속 프랑스어로 발음 유추하기

오늘의 체크 포인트

- 생활 속에 녹아 있는 프랑스어 단어들을 알아봐요.
- 단어들을 같이 발음해요.
- 단어 속의 프랑스어 발음 규칙들을 유추해봐요.

❶ 생활 속에 녹아 있는 프랑스어 단어들

어휘	chic [쉬끄] 세련된, 멋진	silhouette [씰루에뜨] 실루엣, 그림자
발음 규칙	ch : [ʃ] (sh)	s : [ㅆ]　　h : 묵음　　ou : [우]

어휘	lingerie [랑쥬히] 여성용 내의류, 란제리	cinéma [씨네마] 영화, 영화관
발음 규칙	in : [앙]　g : [ʒ]　e : [으]	c : [ㅆ]　　é : [에]

어휘	soupe [쑵쁘] 수프	cliché [끌리셰] 진부한, 상투적인
발음 규칙	s : [ㅆ]　ou : [우]　p : [쁘]	c : [ㄲ]　ch : [ʃ]　é : [에]

어휘	genre [정ㅎ]	boutique [부띠끄]
	종류, 장르	상점, 가게
발음 규칙	g : [ʒ] en : [엉] r : 목을 긁는 소리	b : 유성음 ou : [우] t : [따]

어휘	robe [호브]	concours [꽁꾸ㅎ]
	원피스	콩쿠르, 대회
발음 규칙	r : 목을 긁는 소리 e : [으]	on : [옹] ou : [우]

처음 회화

C'est chic !
세련됐다!

Oui, et c'est cher.
맞아, 그리고 비싸.

*TIP 프랑스어에서는 느낌표(!) 앞에 띄어쓰기를 해요.

Quiz 제시된 단어는 무슨 뜻일까요?

1. chic 2. cliché 3. boutique

정답 : 1. 세련된, 멋진 | 2. 진부함, 상투적인 | 3. 상점, 가게

Leçon 001 "시크한데~" 일상 속 프랑스어로 발음 유추하기

Leçon 002

내가 이미 알고 있던 프랑스 음식들
"라따뚜이!" 프랑스 음식 & 치즈들로 발음 유추하기

오늘의 체크 포인트

↪ 프랑스 음식과 치즈 이름들을 알아봐요.
↪ 단어들을 같이 발음해요.
↪ 단어 속의 프랑스어 발음 규칙들을 유추해봐요.

❶ 프랑스 음식 이름

	ratatouille	escargot	coq au vin
어휘	라따뚜이	에스꺄흐고 (달팽이 요리)	꼬꼬뱅
발음 규칙	t : [ㄸ] ou : [우]	e + 자음 2개 : [에] go : [고]	au : [오] in : [앙]

	bœuf bourguignon	crêpe
어휘	뵈프 부르기뇽	크레페
발음 규칙	œ : [œ] 외 gn : [뉴] gui : [기] on : [옹]	c + r : [ㅋ] ê : [에]

22　주미에르의 처음 프랑스어

❷ 프랑스 치즈 이름

어휘	camembert	emmental	brie
	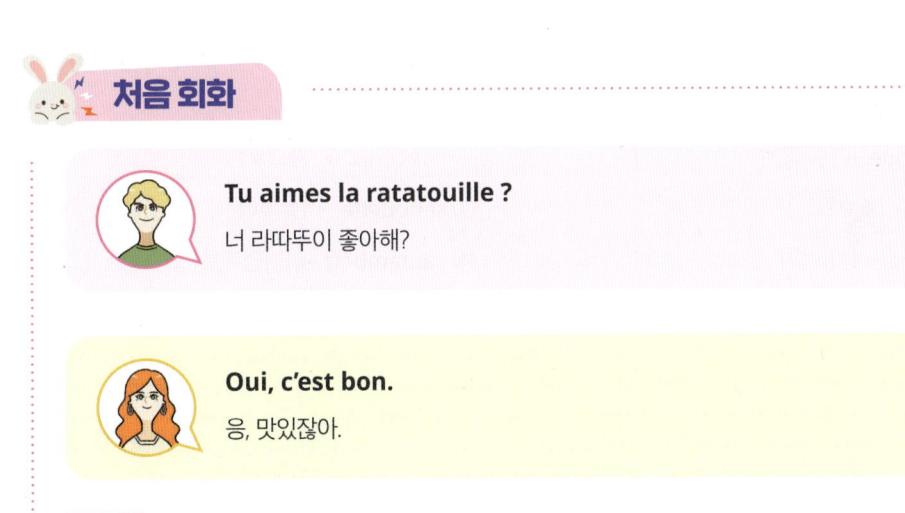		
	까망베르	에멘탈	브리
발음 규칙	ca : [까]와 [꺄]의 중간 발음 em : [엉]	e + 자음 2개 : [에] en : [엉] t : [ㄸ]	b : 유성음 r : 목을 긁는 소리

처음 회화

Tu aimes la ratatouille ?
너 라따뚜이 좋아해?

Oui, c'est bon.
응, 맛있잖아.

*TIP 프랑스어에서는 물음표(?) 앞에도 띄어쓰기를 해요.

Quiz 제시된 단어는 무슨 음식일까요?

1. coq au vin   2. crêpe   3. ratatouille

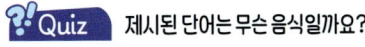

Unité 1 종합 연습문제

A 다음 문제를 풀어 보세요.

1 다음 중 프랑스어 발음에 대한 설명이 틀린 것은?
① ch는 [ʃ] (sh) 발음이 난다.
② h는 [ㅎ]로 발음한다.
③ ou는 [우]로 발음한다.
④ r은 목을 긁는 소리로 발음한다.

4 다음 단어 중 프랑스 음식이 아닌 것은?
① ratatouille
② escargot
③ robe
④ bœuf bourguignon

2 다음 중 프랑스어 단어와 발음이 잘못 연결된 것은?
① boutique → [부띠끄]
② robe → [호브]
③ cinéma → [키네마]
④ soupe → [쑵쁘]

5 다음 중 프랑스어 단어의 발음이 올바르게 표시된 것은?
① concours → [콩코ㅎ]
② silhouette → [씰루에뜨]
③ camembert → [커멍베흐]
④ brie → [브리예]

3 밑줄 친 부분의 발음이 나머지와 다른 하나는?
① cr<u>ê</u>pe
② clich<u>é</u>
③ cin<u>é</u>ma
④ rob<u>e</u>

6 다음 중 '상점'이라는 의미를 가진 프랑스어 단어는?
① soupe
② boutique
③ concours
④ genre

B 제시된 단어에 맞게 빈칸에 알맞은 알파벳을 채워 보세요.

1 세련된

→ c

2 수프

→ s  e

3 장르

→ g  e

4 프랑스의 유명한 달팽이 요리 (에스꺄흐고)

→ e

5 크레페

→ c

6 까망베르

→ c

무료 동영상 바로 보기

프랑스어 기초 회화 표현을 큰 소리로 읽으면서 연습해 보세요!

C'est chic !
세련됐다!

C'est cher.
비싸.

C'est bon.
맛있어.

C'est un cliché !
그건 클리셰야!

C'est une boutique.
여긴 상점이야.

C'est du brie.
이건 브리 치즈야.

Unité 02

프랑스어 발음과 필수 회화

무료 MP3 바로 듣기

Leçon 003

프랑스어 알파벳은 "아베쎄데 으에프줴~?!" (1)

오늘의 체크 포인트

↳ 프랑스어 알파벳(A~K)을 알아봐요.
↳ 단어들을 같이 발음해봐요.

❶ 프랑스어 알파벳 미리보기

A	B	C	D	E	F	G
아	베	쎄	데	으	에프(f)	줴
H	I	J	K	L	M	N
아쉬	이	쥐	꺄	엘	엠	엔
O	P	Q	R	S	T	U
오	뻬	뀌	에흐	에쓰	떼	위
V	W	X	Y	Z		
v베	두블르v베	익스	이그헥	제드		

❷ 알파벳 (A~K)

A	아	ami	친구
B	베	banque	은행
C	쎄	ici	여기
D	데	deux	2
E	으	dinosaure	공룡

F	에프(f)	fleur	꽃
G	줴	gâteau	케이크
H	아쉬	hibou	부엉이
I	이	Italie	이탈리아
J	쥐	joie	기쁨
K	꺄	parking	주차장

처음 회화

C'est mon ami.
이 사람은 내 친구야.

Enchantée !
반가워요!

*TIP 반갑다는 표현은 남자가 말할 때는 'Enchanté !', 여자가 말할 때는 'Enchantée !'라고 해요. 발음은 같지만 말하는 사람의 성별에 따라 철자가 달라지니 주의하세요!

 어떻게 발음할까요?

1. midi　　　　　2. facile　　　　　3. cela

정답 1. [미디] 2. [파(f)씰] 3. [쓸라]

Leçon 004 — 알파벳 L~Z

프랑스어 알파벳은 "아베쎄데 으에프줴~?!" (2)

오늘의 체크 포인트

- 프랑스어 알파벳(L~Z)을 알아봐요.
- 단어들을 같이 발음해봐요.

❶ 알파벳 (L~Z)

L	엘	lundi	월요일
M	엠	mai	5월
N	엔	nature	자연
O	오	opéra	오페라
P	뻬	pont	다리
Q	뀌	liquide	액체
R	에흐	raisin	포도
S	에쓰	soir	저녁
T	떼	tête	머리
U	위	union	통합
V	v베	voix	목소리
W	두블르v베	kiwi	키위
X	익스	maximum	최대
Y	이그헥	pays	나라
Z	제드	zéro	0

❷ 프랑스어 알파벳 복습하기

지금까지 배운 내용을 떠올리며 프랑스어 알파벳을 소리 내어 읽어 보세요.

A	B	C	D	E	F	G
아	베	쎄	데	으	에프(f)	쥐
H	I	J	K	L	M	N
아쉬	이	쥐	꺄	엘	엠	엔
O	P	Q	R	S	T	U
오	뻬	뀌	에흐	에쓰	떼	위
V	W	X	Y	Z		
v베	두블르v베	익스	이그헥	제드		

Le Pont Neuf est beau !

퐁뇌프 다리 멋지다!

C'est magnifique.

정말 멋져.

*어휘 Le Pont Neuf 퐁뇌프 다리

Quiz 어떻게 발음할까요?

1. rose   2. farine   3. poste

정답 1. [호즈] 2. [파린느] 3. [뽀스트]

Leçon 004 프랑스어 알파벳은 "아베쎄데 으에프쥐~?!" (2) 31

프랑스어 강세 부호(Accent)의 종류와 역할

Leçon 005
알파벳이 모자를 썼다!
프랑스어의 Accent 알아보기

↳ Accent 이 뭘까요?
↳ Accent 의 종류
↳ Accent 의 기능

❶ Accent 이 뭘까요?

프랑스어에서 accent은 발음을 구별하거나 철자를 구분하기 위해 알파벳에 붙이는 기호를 말해요. accent은 발음과 의미를 결정하는 중요한 요소예요.

| é | è | ê | ë | ç |

❷ Accent 의 종류

① Accent aigu 악썽 떼귀

| é | métro | 지하철 | café | 커피 |

② Accent grave 악썽 그하v브

| è à ù | crème | 크림 | mère | 어머니 |

③ Accent circonflexe 악썽 씨흐꽁f플렉스

| ê â î ô û | pêche | 복숭아 | dîner | 저녁 식사 |

32 주미에르의 처음 프랑스어

④ Tréma 트헤마

| ë ï ü | maïs | 옥수수 | Noël | 크리스마스 |

⑤ Cédille 쎄디유

| ç | français | 프랑스어(의) | garçon | 소년 |

❸ Accent 의 기능

´ ` ^	é, è, ê 는 언제나 [에]로 발음하고, 나머지는 발음 차이가 없어요.
¨	앞에 오는 모음과 따로 발음되게 만들어요.
¸	철자 c 아래에 붙어서 c가 [s]로 발음되게 해요.

처음 회화

Le français, c'est facile ?
프랑스어 쉬워?

Mais non.
전혀.

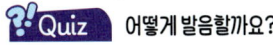 어떻게 발음할까요?

1. façon   2. étude   3. Anaïs

정답 1. [파쏭] 2. [에뛰드] 3. [아나이스]

Leçon 005 알파벳이 모자를 썼다! 프랑스어의 Accent 알아보기

Leçon 006 프랑스어 자음은 어떻게 발음될까?

파리? 빠히!

오늘의 체크 포인트

- 프랑스어 자음(p, t, k, q / r / c / g / h / s / x)은 어떻게 발음될까요?
- 단어들을 같이 발음해봐요!

❶ 프랑스어 자음 발음하기

된소리	p	[ㅃ]	pain	빵
	t	[ㄸ]	table	테이블
	k	[ㄲ]	kaki	카키색의
	q	[ㄲ]	queue	줄
목을 긁는 소리	r	[ㅎ]	radio	라디오
			robe	원피스
			Paris	파리
자음 c	c + a, o, u	[ㄲ]	carte	카드
	c + i, e, y	[ㅆ]	ciel	하늘
	ç	[ㅆ]	leçon	수업
자음 g	g + a, o, u	[ㄱ]	gare	기차역
			goût	맛
	g + e, i, y	[ㅈ]	gentil	친절한
			gilet	카디건, 조끼

34 주미에르의 처음 프랑스어

자음 h	h	묵음	homme	남자
			hôtel	호텔
자음 s	s	[ㅆ]	sac	가방
	ss	[ㅆ]	poisson	물고기
	모음 + s + 모음	[z]	poison	독
자음 x	x	[ㅆ]	taxi	택시
	ex + 모음	[gz]	exemple	예시
	ex + 자음	[ks]	excellent	훌륭한

처음 회화

Quelle gare ?
어느 기차역?

Gare du Nord.
북역.

*어휘 nord n.m. 북쪽

Quiz 어떻게 발음할까요?

1. Paris   2. texte   3. cahier

정답 1. [빠히] 2. [떽스뜨] 3. [꺄이에]

Leçon 006 파리? 빠히!   35

Leçon 007

프랑스어 모음은 어떻게 발음될까?

스타일? 스띨!

오늘의 체크 포인트

↳ 프랑스어 모음(a, e, i, o, u, y)의 특징을 알아봐요.
↳ 모음과 모음이 만나 달라지는 발음을 알아봐요.

❶ 프랑스어 모음 발음하기

모음				
	a	[ㅏ]	chat	고양이
	e	[ㅡ]	melon	멜론
	i	[ㅣ]	idée	생각, 아이디어
	o	[ㅗ]	corps	몸, 신체
	u	[ㅟ]	rue	거리, 길
	y	[ㅣ]	style	스타일

❷ 모음과 모음의 만남

모음+모음				
	ai	[에]	fraise	딸기
	ei	[에]	beige	베이지색의
	ou	[우]	poule	암탉
	oi	[우아]	voiture	자동차
	au	[오]	dauphin	돌고래
	eau	[오]	bateau	배
	œ	[œ] 외	cœur	심장, 마음
	eu	[ø] 외	bleu	파란색의
		[œ] 외	heure	시간

36 주미에르의 처음 프랑스어

❸ 비모음

비모음은 코에서 울리는 소리로, 입과 코를 동시에 사용해서 발음해요.

콧소리	an	[엉]	orange	오렌지
	am	[엉]	lampe	램프, 조명
	en	[엉]	dent	치아
	em	[엉]	novembre	11월
	on	[옹]	ongle	손톱, 발톱
	om	[옹]	sombre	어두운

처음 회화

Tu aimes la fraise ?
너 딸기 좋아해?

Oui, c'est mon fruit préféré.
응, 내가 제일 좋아하는 과일이야.

Quiz 어떻게 발음할까요?

1. encore
2. Pompidou
3. chapeau

정답 1. [엉코흐] 2. [뽕삐두] 3. [샤뽀]

Leçon 007 스타일? 스띨!

Leçon 008

프랑스어 발음을 세련되게 만들어주는 필수 요소, 연음!

부드럽~게 이어줘요, 연음!

오늘의 체크 포인트

- 프랑스어의 연음에 대해 알아봐요.
- 연음의 간단한 규칙을 알아봐요.
- 제시된 단어들을 연음해서 발음해봐요.

❶ '연음 liaison'이란?

마지막 자음이 뒤에 오는 모음이나 무성 h를 만나면서 연결하여 발음이 되는 것을 **'연음'**이라고 해요.

mon①②ami　　　① 단어의 마지막 자음이 ② 뒤에 오는 모음을 만나 연음돼요.

❷ 연음 : s, x

s와 x는 연음될 때? [z]로 발음돼요!

deux①②amis
[되 아미] → [되 z자미]

① 단어의 마지막 자음이 ② 뒤에 오는 모음을 만나 연음돼요.

두 명의 친구

plus①②important
[쁠뤼 앙뽁떵] → [쁠뤼 z장뽁떵]

① 단어의 마지막 자음이 ② 뒤에 오는 모음을 만나 연음돼요.

더 중요한

❸ 연음 : d, g, f

d는 연음될 때? [t]로 발음돼요!

grand①②arbre
[그헝 아흐브흐] → [그헝 따흐브흐]

큰 나무

① 단어의 마지막 자음이 ② 뒤에 오는 모음을 만나 연음돼요.

g는 연음될 때? [k]로 발음돼요!

long①②hiver
[롱 이v베흐] → [롱 끼v베흐]

긴 겨울

① 단어의 마지막 자음이 ② 뒤에 오는 무성 h를 만나 연음돼요.

f는 연음될 때? [v]로 발음돼요!

neuf①②heures
[뇌f 외흐] → [뇌 v뵈흐]

9시

① 단어의 마지막 자음이 ② 뒤에 오는 무성 h를 만나 연음돼요.

🐰 처음 회화

Regarde ce grand arbre !
이 큰 나무 좀 봐봐!

Il est énorme.
거대하다.

❓ Quiz 어떻게 발음할까요?

1. mon amour   2. petit ami   3. ses enfants

정답 1. [몽 나무흐] 2. [쁘띠 따미] 3. [쎄 정팡]

Leçon 008 부드럽~게 이어줘요, 연음!   39

Leçon 009

기본 인사와 감사 표현, 감사에 대답하는 표현

봉쥬~ 멕씨~ 마법의 표현들!

오늘의 체크 포인트

↘ 프랑스어로 인사하는 법을 알아봐요.
↘ 프랑스어로 감사 표현하는 법을 알아봐요.
↘ 표현 속에 담긴 발음 규칙들을 찾아봐요.
↘ 제시된 표현들을 생생하게 발음해봐요.

❶ 인사 표현

프랑스어의 가장 기본적인 인사 표현 2가지를 배워봐요.

| 옹 우 |
| Bonjour. |
| [봉쥬ㅎ] |
| 안녕하세요. |

기본적인 아침, 점심 인사예요. 날이 밝을 때(해가 떠 있을 때) 사용하는 인사예요.

| 옹 우아 |
| Bonsoir. |
| [봉쑤아ㅎ] |
| 안녕하세요. |

기본적인 저녁 인사예요. 날이 어둑해질 때쯤, 오후 5~6시부터 사용해요.

가까운 사이 혹은 친구들과 사용할 수 있는 표현도 배워봐요.

Hello.	Salut.	Coucou.
[엘로]	[쌀뤼]	[꾸꾸]
안녕.	안녕.	안녕.

❷ 감사 표현

Merci.
[멕씨]
감사합니다.

Merci beaucoup.
[멕씨 보꾸]
정말 감사합니다.

Merci infiniment.
[멕씨 앙f피니멍]
대단히 감사합니다.

❸ 감사 대답 표현

De rien.
[드 히앙]
천만에요.

C'est normal.
[쎄 노흐말]
별거 아니에요.

Avec plaisir.
[아v벡 쁠레지ㅎ]
별말씀을요.

처음 회화

Salut !
안녕!

Coucou !
안녕!

 **Quiz 1** 저녁에 하는 인사는?

→

 **Quiz 2** 가까운 사이에 하는 인사 3가지는?

→

정답 1. Bonsoir | 2. Hello, Salut, Coucou

Leçon 010

안부 묻고 답하는 표현

프랑스어의
"아임파인 땡큐 앤유?"

오늘의 체크 포인트

↳ 프랑스어로 안부 묻는 법을 알아봐요.
↳ 프랑스어로 안부에 대답하는 법을 알아봐요.
↳ 표현 속에 담긴 발음 규칙들을 찾아봐요.
↳ 제시된 표현들을 생생하게 발음해봐요.

❶ 안부 묻기

Ça va ?
[싸 v바]
쌰

잘 지내요?

인사와 함께, 혹은 인사처럼 사용하는 가장 기본적인 안부 표현이에요!

Comment allez-vous ?
엄   우
[꼬멍딸레v부]

어떻게 지내세요? (잘 지내세요?)

높임 표현입니다. 잘 모르는 사이, 처음 보는 사이에 사용할 수 있어요.

Tout va bien ?
우   앙
[뚜 v바 비앙]

괜찮아요? / 별일 없죠?

영어의 "Everythig is OK?" 라는 뜻이에요. 앞의 안부 표현들 대신 사용할 수 있어요.

❷ 안부 대답 표현

Ça va.
[싸 v바]

잘 지내요.

Ça va ? - Ça va. 세트처럼 사용하는 가장 기본적인 안부 대답 표현이에요.

Je vais bien.
[쥬 v베 비앙]

잘 지내요.

'잘'이라는 뜻의 bien을 넣어 사용하는 안부 대답 표현이에요. 'Ça va bien.' 으로도 사용할 수 있어요.

Et vous ?
[에 v부]

당신은요?

대답을 한 후 상대에게도 간단하게 물어볼 수 있는 표현이에요.

➕ TIP 가까운 사이에서는 'Et toi ? [에 뚜아] 너는?'이라고도 말할 수 있어요.

🐰 처음 회화

Bonjour ! Comment allez-vous ?
안녕하세요! 어떻게 지내세요?

Je vais très bien. Et vous ?
정말 잘 지내요. 당신은요?

Quiz 가장 기본적인 안부 묻기 표현과 대답 표현은?

→

정답: Ça va ? - Ça va.

사과 표현과 대답 표현

Leçon 011

앗! 빠흐동 ㅠㅠ 미안해~

오늘의 체크 포인트

↘ 프랑스어로 사과하는 법을 알아봐요.
↘ 프랑스어로 사과에 대답하는 법을 알아봐요.
↘ 표현 속에 담긴 발음 규칙들을 찾아봐요.
↘ 제시된 표현들을 생생하게 발음해봐요.

❶ 사과하기

빠   옹
Pardon.
[빠흐동]

미안해요. / 실례합니다.

가벼운 사과를 할 때, 지나가는 사람과 부딪혔을 때, 인파를 지나가야 할 때 등에 사용해요.

에 z
Désolé(e).
[데졸레]

죄송합니다.

주로 실수를 했을 때 사용할 수 있는 사과 표현이에요.

✚ TIP 남자는 Désolé, 여자는 Désolée를 사용합니다. 발음은 같지만 철자가 다르니 주의하세요!

에   z   우아
Excusez-moi.
[엑스뀌제 무아]

실례합니다. / 죄송합니다.

영어의 'Excuse me'처럼 사용하거나, 미안하다는 표현으로도 쓸 수 있어요.

❷ 사과 대답 표현

Pas de problème.
[빠 드 프호블렘]

문제없어요. (아니에요.)

영어의 'No problem.'과 비슷한 표현이에요. 가볍게 '걱정 마!'라는 의미로도 사용할 수 있어요.

Pas de souci.
[빠 드 쑤씨]

걱정 마요.

'걱정하지 마, 신경 쓰지 마'라는 의미로, 일상에서 많이 사용하는 표현이에요.

Ce n'est pas grave.
[쓰네빠 그하v브]

별일 아니에요.

실수나 잘못이 크지 않을 때 '괜찮다'는 의미로 사용해요.

처음 회화

Pardon, je suis en retard.
미안, 늦었네.

Pas de souci, moi aussi.
괜찮아, 나도 늦었거든.

Quiz 길에서 누군가와 부딪힐 뻔했을 때 어떤 말을 할까요?

→

정답: Pardon

Leçon 011 앗! 빠흐동 ㅠㅠ 미안해~

Leçon 012 헤어질 때 인사 표현

좋은 하루 되세요!

오늘의 체크 포인트

↳ 프랑스어로 헤어질 때 인사를 알아봐요.
↳ 표현 속에 담긴 발음 규칙들을 찾아봐요.
↳ 제시된 표현들을 생생하게 발음해봐요.

❶ 헤어질 때 인사

오 우아
Au revoir.
[오 흐v부아ㅎ]

잘 가요.

헤어질 때 하는 가장 기본적인 인사예요.

ㅆ 위⊗
Salut.
[쌀뤼]

잘 가요.

이 인사는 만났을 때와 헤어질 때 모두 사용할 수 있어요.

위⊗
À plus tard.
[아 쁠뤼 따ㅎ]

이따 봐요.

곧 만날 때 사용하는 인사예요.

우아
À ce soir.
[아 쓰 쑤아ㅎ]

오늘 저녁에 봐요.

À + 시간 표현으로 '이때 만나자'는 표현을 할 수 있어요.

✪ TIP ce soir 는 '오늘 저녁'이기 때문에 상대와 오늘 저녁에 약속이 있을 때 사용할 수 있어요.

Bonne journée.
[본 쥬흐네]

좋은 하루 보내세요.

헤어질 때 인사 표현으로, 단독으로 또는 다른 인사와 함께 사용할 수 있어요. 날이 밝을 때 사용하면 돼요!

Bonne soirée.
[본 쑤아헤]

좋은 저녁 보내세요.

저녁 시간에 (주로 오후 5~6시쯤부터) 사용할 수 있어요.

처음 회화

Au revoir !
잘 가!

À plus tard !
이따 보자!

 가장 기본적인 헤어질 때 인사는?

→

 '오늘 저녁에 보자'는 어떻게 말할까요?

→

Quiz 3 '좋은 하루 보내'는 어떻게 말할까요?

→

정답 1. Au revoir | 2. À ce soir | 3. Bonne journée

Leçon 012 좋은 하루 되세요!

Leçon 013

bon 하나로 응원, 축하, 기원 모두 가능한 만능 표현!

프랑스식 '좋은' 표현!

오늘의 체크 포인트

- 프랑스어식 간단한 응원, 권유, 축하 등의 표현을 알아봐요.
- 표현 속에 담긴 발음 규칙들을 찾아봐요.
- 제시된 표현들을 생생하게 발음해봐요.

❶ Bon 표현

Bon(ne) 뒤에 명사를 써서, '좋은 ~ 되세요' 혹은 응원의 표시를 할 수 있는 아주 간단한 표현을 말할 수 있어요.

Bon courage
[봉 꾸하쥬]
화이팅!

courage 는 '용기'라는 뜻입니다. '좋은 용기를 가져라.'라는 의미로, '화이팅!'이라고 말할 때 사용해요.

Bon appétit
[보나뻬띠]
맛있게 먹어요!

appétit 는 '식욕'이라는 뜻입니다. '좋은 식욕을 가져라.'라는 말로, 식사를 하기 전, '맛있게 드세요!'라고 말할 때 사용해요.

Bon anniversaire
[보나니v벡쎄흐]
생일 축하해요!

anniversaire 는 '생일'이라는 뜻입니다. '좋은 생일'이라는 말로, 생일을 축하할 때 사용해요.

Bon week-end
[봉 위껜드]
좋은 주말 되세요!

'좋은 주말'이라는 말로, '좋은 주말 보내세요!'라고 말할 때 사용해요.

Bonne ann^에ée
[보나네]

해피 뉴 이어! (새해 복 많이 받으세요!)

année 는 '년(年), 해'라는 뜻입니다. '좋은 한 해'라는 말로, 연초에 인사말로 사용해요.

Bonne c^옹ontinu^{씨 옹}ation
[본 꽁띠뉘아씨옹]

계속 잘 해보세요! (앞으로도 화이팅!)

continuation 은 '계속, 연속'이라는 뜻입니다. 앞으로도 계속 잘 하길 바란다, 힘내라는 의미로 사용해요.

처음 회화

J'ai un examen.
나 시험 있어.

Bon courage !
화이팅!

Quiz 1
'화이팅!'을 프랑스어로 어떻게 말할까요?

→

Quiz 2
'생일 축하해'는 프랑스어로 어떻게 말할까요?

→

Quiz 3
'좋은 주말 보내세요!'는 프랑스어로 어떻게 말할까요?

→

정답: 1. Bon courage | 2. Bon anniversaire | 3. Bon week-end

 **종합 연습문제**

A 다음 문제를 풀어 보세요.

1 다음 중 프랑스어 알파벳과 명칭이 잘못 연결된 것은?

① A → 아
② K → 꺄
③ Q → 뀌
④ G → 쥐

2 프랑스어의 'ç'(쎄디유, Cédille)의 기능으로 올바른 것은?

① c가 [s] 발음이 나게 한다.
② c가 [k] 발음이 나게 한다.
③ e와 함께 사용될 때만 발음이 변한다.
④ 모음 앞에서만 적용된다.

3 다음 중 연음이 발생하여 [z]로 소리가 나는 문장은?

① plus heureux
② grand arbre
③ mon ami
④ neuf heures

4 다음 중 '감사합니다'라는 뜻을 가진 표현이 아닌 것은?

① Merci
② Bonjour
③ Merci beaucoup
④ Merci infiniment

5 'Everything is OK?'에 해당하는 프랑스어 표현은?

① Ça va ?
② Je vais bien.
③ Tout va bien ?
④ C'est normal.

6 길에서 누군가와 부딪힐 뻔했을 때 할 수 있는 말은?

① Pardon
② Bonjour
③ Ça va
④ Merci

B 제시된 문제에 맞게 답변하세요.

1 주어진 단어의 c에 accent을 표시하세요.

  francais → _____

2 감사에 대한 대답을 완성하세요.

  → De _____. 천만에요.

3 "어떻게 지내세요?"를 프랑스어로 쓰세요.

  → Comment _____ ?

4 "실례합니다."를 프랑스어로 쓰세요.

  → Excusez-_____.

5 "좋은 저녁 보내세요."를 프랑스어로 쓰세요.

  → Bonne _____.

6 "좋은 주말 되세요!"를 프랑스어로 쓰세요.

  → Bon _____ !

무료 동영상 바로 보기

프랑스어 기초 회화 표현을 큰 소리로 읽으면서 연습해 보세요!

Enchanté !
반가워요!

C'est magnifique.
정말 멋져.

C'est facile ?
그거 쉬워?

Bonjour ! Comment allez-vous ?
안녕하세요! 어떻게 지내세요?

Pardon.
미안해요, 실례합니다.

Au revoir !
잘 가!

Unité 03

프랑스어의 왕! 명사

무료 MP3 바로 듣기

명사의 개념, 명사의 성(性), 프랑스어 명사의 분류 (I)

Leçon 014

명사란?
아버지는 남성명사, 어머니는 여성명사

오늘의 체크 포인트

- 명사란 무엇일까요? 명사에 대해 알아봐요.
- 프랑스어 명사의 특징을 알아봐요.
- 남성명사와 여성명사를 구분하는 첫 번째 방법을 알아봐요.

❶ 이것만은 알고 가자!

① 명사란?

- 사람이나 사물의 이름을 나타내는 단어를 **명사**라고 해요. 명사는 문장에서 다음과 같은 역할을 해요.

주어	목적어	보어
(~은, 는, 이, 가)	(~을, 를)	(주어를 보충해주는 말)

나는 밥을 먹는다.   나는 밥을 먹는다.   나는 선생님이다.

② 프랑스어 명사의 특징!

- 프랑스어 명사는 성(性)과 수(數)를 구별해요.

명사의 성(性) 구분	명사의 수(數) 구분
⇩	⇩
남성명사　여성명사	단수　복수

❷ 성(性)이 구분되는 프랑스어 명사

명사가 갖는 성별을 명사의 성(性)이라고 해요. 프랑스어의 대부분의 명사는 남성 또는 여성의 성별을 가져요! 그렇다면 남성명사와 여성명사는 어떻게 구분할까요?

사람, 동물	사물
'엄마, 아빠'와 같이 자연의 성을 따라요.	인위적으로 만들어진 문법적인 성을 따라요.

❸ 남성명사, 여성명사의 형태가 다른 명사

자연적인 성을 가진 '사람, 동물' 명사 중에는 남성형과 여성형의 형태가 완전히 다른 경우가 있어요. 이런 단어들은 주로 **가족 관계**나 **동물 이름**에서 많이 찾아볼 수 있어요!

남성명사		여성명사	
homme	남자	femme	여자
père	아버지	mère	어머니
frère	남자 형제	sœur	여자 형제
garçon	소년	fille	소녀
coq	수탉	poule	암탉

 처음 회화

C'est ton père ?
이 분이 네 아빠야?

Oui, et voici ma mère.
응, 그리고 여기 우리 엄마.

Quiz 다음 중 남성명사를 골라보세요.

| sœur | garçon | fille |

정답 garçon

명사의 성(性), 프랑스어 명사의 분류 (2)

Leçon 015

남자는 에뛰디엉,
여자는 에뛰디엉뜨

오늘의 체크 포인트

↳ 남성명사와 여성명사를 구분하는 두 번째 방법을 알아봐요.
↳ 제시된 단어들을 같이 발음해봐요.

❶ 남성명사, 여성명사의 형태가 비슷한 명사

프랑스어에서는 사람과 동물을 나타내는 명사 중 남성형과 여성형의 형태가 비슷한 것들이 많아요. 일반적으로 어미만 살짝 바꿔서 성별을 구분할 수 있어요.

남성명사		여성명사	
ami	(남성) 친구	amie	(여성) 친구
Coréen	(남성) 한국인	Coréenne	(여성) 한국인
Français	(남성) 프랑스인	Française	(여성) 프랑스인
étudiant	(남성) 대학생	étudiante	(여성) 대학생
chanteur	(남성) 가수	chanteuse	(여성) 가수
cuisinier	(남성) 요리사	cuisinière	(여성) 요리사
journaliste	(남성) 기자	journaliste	(여성) 기자

① 어미에 -e를 추가하는 경우

- 대부분의 경우, 여성형은 남성형에 -e를 붙여서 만들어요!

ami	⇨	amie	étudiant	⇨	étudiante
(남성) 친구		(여성) 친구	(남성) 대학생		(여성) 대학생

56　주미에르의 처음 프랑스어

② 어미가 변하는 경우
- 일부 명사는 남성형과 여성형이 다르게 변해요.

chanteur	⇨	chanteuse	cuisinier	⇨	cuisinière
(남성) 가수		(여성) 가수	(남성) 요리사		(여성) 요리사

③ 남성형과 여성형이 같은 경우
- 몇몇 단어는 성별이 달라도 형태가 변하지 않아요.

journaliste	⇨	journaliste	artiste	⇨	artiste
(남성) 기자		(여성) 기자	(남성) 예술가		(여성) 예술가

처음 회화

Tu es étudiante ?
너 대학생이야?

Oui, mais je ne veux pas étudier.
응, 그런데 공부하고 싶지가 않네.

Quiz 1 다음 중 남성명사를 골라보세요.

étudiant | chanteuse | amie

Quiz 2 다음 명사의 여성형은 무엇일까요?

Français | cuisinier | journaliste

정답 1. étudiant 2. Française, cuisinière, journaliste

명사의 성(性), 프랑스어 명사의 분류 (3)

Leçon 016

태양은 남성명사, 달은 여성명사

오늘의 체크 포인트

↳ 남성명사와 여성명사를 구분하는 세 번째 방법을 알아봐요.
↳ 제시된 단어들을 같이 발음해봐요.

❶ 임의로 성이 정해진 사물 명사들

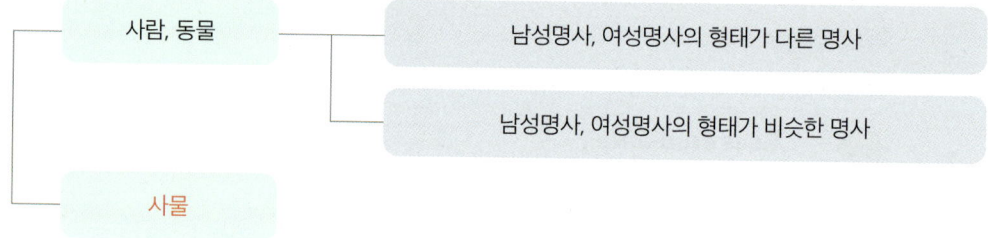

프랑스어의 사물 명사는 임의로 성이 정해져요. 프랑스어 사물 명사들의 성은 문법적으로 이미 정해져 있기 때문에 바꿀 수 없어요!

남성명사		여성명사	
soleil	태양	lune	달
arbre	나무	fleur	꽃
bateau	배	mer	바다
livre	책	maison	집
ciel	하늘	terre	땅
vin	와인	eau	물

❷ 임의로 성이 정해진 추상 명사

추상 명사는 눈에 보이거나 만질 수 없는 개념, 감정, 상태 등을 나타내는 명사예요. 예를 들어, '사랑, 행복, 자유' 같은 단어들이 추상 명사에 해당해요. 추상 명사 역시 임의로 성이 정해져 있어요.

남성명사		여성명사	
courage	용기	patience	인내
bonheur	행복	liberté	자유
respect	존경	tristesse	슬픔

처음 회화

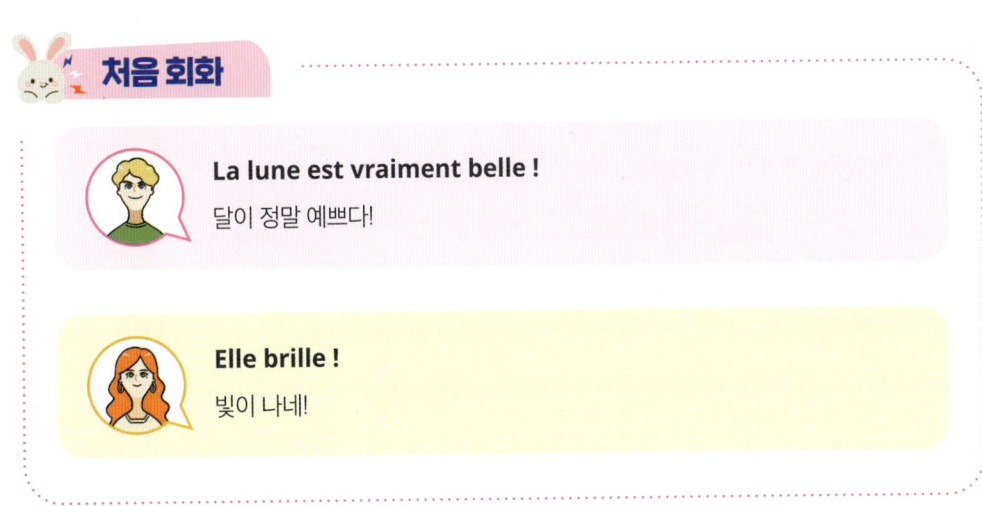

La lune est vraiment belle !
달이 정말 예쁘다!

Elle brille !
빛이 나네!

Quiz 제시된 단어가 남성명사인지 여성명사인지 맞혀보세요.

1. maison   2. ciel   3. courage

정답 1. 여성명사 2. 남성명사 3. 남성명사

Leçon 016 태양은 남성명사, 달은 여성명사

Leçon 017 — 명사의 수(數), 명사의 복수형 만들기

단수와 복수!
s만 붙이면 복수 완성!

오늘의 체크 포인트

↳ 명사의 '수'에 대해 알아봐요.
↳ 명사의 복수 형태를 알아봐요.
↳ 제시된 단어들을 같이 발음해봐요.

❶ 이것만 알고 가자!

- **명사의 '수'**
- 1개는 단수, 2개 이상은 복수로 표현합니다. 단수는 단순하고, 복수는 복잡해요!

❷ 명사의 복수형 만들기

① 기본형 + s

- 명사의 기본형에 s를 붙여 복수형을 만드는 것이 복수형의 기본적인 형태예요.

단수형		복수형	
livre	책	livres	책들
ballon	풍선	ballons	풍선들

② 기본형 그대로 사용 (변화 X)

- s, x, z로 끝나는 명사는 변화시키지 않고, 복수형도 그대로 사용해요.

단수형		복수형	
pays	국가	pays	국가들
choix	선택	choix	선택들
nez	코	nez	코들

③ 기본형 + x

- eau로 끝나는 명사는 기본형에 x를 붙여 복수형을 만들어요.

단수형		복수형	
manteau	외투	manteaux	외투들
chapeau	모자	chapeaux	모자들

④ -al → -aux

- al 로 끝나는 명사는 al 을 없애고, aux를 붙여 복수형을 만들어요.

단수형		복수형	
animal	동물	animaux	동물들
journal	신문	journaux	신문들

처음 회화

Tu aimes les animaux ?
너 동물 좋아해?

Oui, surtout les chiens et les chats.
응, 특히 강아지랑 고양이.

Quiz 제시된 단어의 복수형은 무엇일까요?

1. livre   2. animal   3. pays

정답 1. livres | 2. animaux | 3. pays

Leçon 017 단수와 복수! s만 붙이면 복수 완성!

Unité 3 종합 연습문제

A 다음 문제를 풀어 보세요.

1 다음 중 프랑스어 명사에 관한 설명으로 옳지 않은 것은?
① 프랑스어의 대부분의 명사는 남성 또는 여성의 성별을 가진다.
② 사람과 동물의 명사는 자연적인 성(性)을 따른다.
③ 사물 명사의 성(性)은 임의로 정해져 있으며 바꿀 수 없다.
④ 사물 명사의 경우 단어 형태를 보고 명사의 성별을 유추할 수 있다.

4 다음 중 '한국인(여성)'을 의미하는 단어는?
① Coréen
② Coréenne
③ Français
④ Française

2 다음 중 명사가 아닌 것은?
① ami (친구)
② Paris (파리)
③ excellent (훌륭한)
④ père (아버지)

5 다음 중 단수형과 복수형이 동일한 단어는?
① livre
② pays
③ ballon
④ ami

3 '요리사(남성)'를 뜻하는 단어는?
① cuisinier
② cuisinière
③ chanteuse
④ journaliste

6 animal의 올바른 복수형을 고르세요.
① animaux
② animals
③ animalx
④ animalz

B 제시된 문제에 맞게 답변하세요.

1 주어진 단어의 여성형을 쓰세요.

étudiant → _____

2 주어진 단어의 여성형을 쓰세요.

chanteur → _____

3 주어진 단어의 여성형을 쓰세요.

ami → _____

4 주어진 단어의 복수형을 쓰세요.

livre → _____

5 주어진 단어의 복수형을 쓰세요.

chapeau → _____

6 주어진 단어의 복수형을 쓰세요.

choix → _____

무료 동영상 바로 보기

프랑스어 기초 회화 표현을 큰 소리로 읽으면서 연습해 보세요!

Voici ma mère.
이 분은 우리 엄마야.

Tu es étudiant(e) ?
너 대학생이야?

Je ne veux pas étudier.
공부하고 싶지 않아.

La lune est vraiment belle !
달이 정말 예쁘다!

Tu aimes les animaux ?
너 동물 좋아해?

Surtout les chiens et les chats.
특히 강아지랑 고양이.

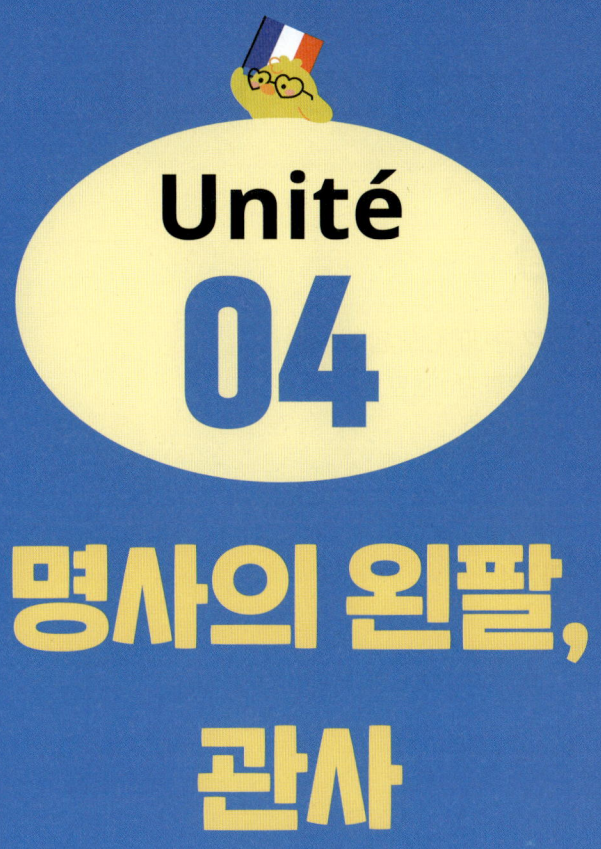

Unité 04

명사의 왼팔, 관사

무료 MP3 바로 듣기

Leçon 018 — 부정관사

관사란?
프랑스어의 부정관사!

오늘의 체크 포인트

↪ 관사란 무엇일까요? 관사에 대해 알아봐요.
↪ 프랑스어 관사의 종류를 알아봐요.
↪ 부정관사에 대해 알아봐요.

❶ 이것만은 알고 가자!

① 관사란?
- 관사는 명사와 함께 다니며, 명사 앞에서 명사의 성격을 알려줍니다.

② 관사 한 눈에 보기

관사	부정관사	un, une, des
	정관사	le, la, les
	부분관사	du, de la, des

❷ 부정관사

부정관사는 셀 수 있는 명사 앞에서 사용하는 관사예요. '하나의' 또는 '어떤'의 의미로 사용합니다.

① 부정관사의 분류

	남성	여성
단수	un	une
복수	des	

② 부정관사의 연음
- des 뒤에 '모음'이나 '무성 h'로 시작하는 명사가 올 경우 연음을 해요.

❸ 부정관사 + 명사 조합

un homme	남자	des hommes	남자들
une femme	여자	des femmes	여자들
un enfant	아이	des enfants	아이들
une école	학교	des écoles	학교들
un tapis	카펫	des tapis	카펫들
un ami	(남자인) 친구	des amis	친구들
une amie	(여자인) 친구		
un étudiant	(남자인) 대학생	des étudiants	대학생들
une étudiante	(여자인) 대학생		

 처음 회화

 **Tu achètes un tapis ?**
카펫 사려고?

 **Non, c'est pas joli.**
아니, 안 예뻐.

Quiz 빈칸에 알맞은 부정관사를 넣어 완성해 보세요.

1. _____ homme　　　　2. _____ école

정답 1. un | 2. une

Leçon 018 관사란? 프랑스어의 부정관사!　**67**

Leçon 019

le, la, les
프랑스어의 '그' 정관사!

오늘의 체크 포인트

↳ 프랑스어의 정관사에 대해 알아봐요.
↳ 정관사의 쓰임과 역할을 알아봐요.

❶ 정관사

정관사는 한정된 의미, 일반적인 개념으로 사용하는 관사예요.

① 정관사의 분류

	남성	여성
단수	le	la
복수	les	

✪ TIP 모음이나 무성 h로 시작하는 단수 명사 앞에서는 l'로 축약해요.

② 정관사의 연음

- les 뒤에 '모음'이나 '무성 h'로 시작하는 명사가 올 경우 연음을 해요.

❷ 정관사 + 명사 조합

le crayon	연필	les crayons	연필들
la chaise	의자	les chaises	의자들
l'île	섬	les îles	섬들
l'hôtel	호텔	les hôtels	호텔들

le voisin	(남자인) 이웃	les voisins	이웃들
la voisine	(여자인) 이웃	les voisines	(여자인) 이웃들
le coiffeur	(남자인) 미용사	les coiffeurs	미용사들
la coiffeuse	(여자인) 미용사	les coiffeuses	(여자인) 미용사들
le Canadien	(남자인) 캐나다인	les Canadiens	캐나다인들
la Canadienne	(여자인) 캐나다	les Canadiennes	(여자인) 캐나다인들

❸ 부정관사와 정관사

부정관사	정관사
un crayon 어떤 연필, 연필 하나	le crayon 그 연필, 연필 자체

J'ai un crayon.   나는 연필 하나를 가지고 있다. (정해지지 않은 연필)
Le crayon est noir.   (일반적으로) 연필은 까맣다. (특정한, 일반적인 의미의 연필)

⭐ TIP 뉘앙스만 파악하고, 너무 두 가지를 뚜렷이 구분하려 하지 않아도 돼요!

처음 회화

La chaise est libre ?
이 의자 비었어?

Oui, vas-y !
응, 앉아!

Quiz
빈칸에 알맞은 정관사를 넣어 완성해 보세요.

1. _____ chaise   2. _____ île

정답 1. la 2. l'

Leçon 019 le, la, les 프랑스어의 '그' 정관사!

Leçon 020 부분관사

du, de la, des
프랑스어의 부분관사!

오늘의 체크 포인트

- 프랑스어의 부분관사에 대해 알아봐요.
- 부분관사의 쓰임과 역할을 알아봐요.

❶ 부분관사

부분관사는 셀 수 없는 명사, 추상 명사와 함께 사용하는 관사예요.

· 부분관사의 분류

	남성	여성
단수	du	de la
복수	des	

✪ TIP 모음이나 무성 h로 시작하는 단수 명사 앞에서는 de l' 로 축약해요.

❷ 부분관사 + 명사 조합

du pain	빵	de la viande	고기
du fromage	치즈	de la salade	샐러드
du beurre	버터	de la glace	아이스크림
du sel	소금	du café	커피
du sucre	설탕	du lait	우유
du poivre	후추	de la biére	맥주
de l'argent	돈	de l'eau	물

de l'huile	기름	de l'amour	사랑
du courage	용기	des épinards	시금치
de la chance	운	des pâtes	파스타

❸ 관사 총 정리

부정관사	정관사	부분관사
un café 커피 한 잔	le café 일반적인/특정한 커피	du café 커피 약간 (좀)

Je voudrais un café. 커피 한 잔 주세요.
Le café est délicieux. 그 커피는 맛있다.
J'ai bu du café. 커피 좀 마셨어.

처음 회화

Tu mets du sel dans ton café ?
너 커피에 소금 넣어?

Quoi !? Non, du sucre !
뭐!? 아니, 설탕 넣지!

 빈칸에 알맞은 부분관사를 넣어 완성해 보세요.

1. _____ café
2. _____ eau

정답 1. du 2. de l'

Leçon 020 du, de la, des 프랑스어의 부분관사! 71

관사 복습

Leçon 021
관사들을 복습하며 Quiz Time!

오늘의 체크 포인트

↳ 프랑스어의 관사를 복습해봐요.
↳ 상황에 따라 달라지는 관사들에 조금씩 익숙해져 봐요.

❶ 프랑스어 관사 복습하기

	부정관사		정관사		부분관사	
	남성	여성	남성	여성	남성	여성
단수	un	une	le	la	du	de la
복수	des		les		des	

① 부정관사 복습하기

verre 유리잔 ⇩ **un verre** (남성단수)

lettre 편지 ⇩ **une lettre** (여성단수)

fruit 과일 ⇩ **des fruits** (남성복수)

② 정관사 복습하기

collier 목걸이 ⇩ **le collier** (남성단수)

bague 반지 ⇩ **la bague** (여성단수)

message 메시지 ⇩ **les messages** (남성복수)

③ 부분관사 복습하기

thé	confiture	eau
차	잼	물
⇩	⇩	⇩
du thé	de la confiture	de l'eau
(남성단수)	(여성단수)	(여성단수)

Tu veux du thé ?
차 마실래?

Oui, avec du miel.
응, 꿀 넣어서.

 프랑스어 부정관사 3가지를 3초 내로 말해 보세요.

→

 프랑스어 정관사 3가지를 3초 내로 말해 보세요.

→

 프랑스어 부분관사 3가지를 3초 내로 말해 보세요.

→

정답 1. un, une, des | 2. le, la, les | 3. du, de la, des

Leçon 021 관사들을 복습하며 Quiz Time !

Unité 4 종합 연습문제

A 다음 문제를 풀어 보세요.

1 다음 중 부정관사의 역할이 아닌 것은?

① 셀 수 있는 명사 앞에서 사용된다.
② '하나의' 또는 '어떤'이라는 의미를 가진다.
③ 특정한 대상을 지칭할 때 사용된다.
④ 남성, 여성, 복수에 따라 형태가 달라진다.

2 다음 중 부정관사가 올바르게 사용된 것은?

① un école
② des homme
③ une femme
④ une ami

3 다음 중 정관사가 올바르게 사용되지 않은 것은?

① le crayon
② les amis
③ la hôtel
④ l'île

4 다음 중 부분관사가 올바르게 사용되지 않은 것은?

① du fromage
② de la viande
③ de l'huile
④ de sucre

5 다음 중 명사의 성(性)이 다른 하나는?

① la chaise
② le livre
③ le voisin
④ le crayon

6 다음 중 명사의 성(性)이 다른 하나는?

① du café
② du courage
③ du beurre
④ de la bière

B 제시된 문제에 맞게 답변하세요.

1 빈칸에 들어갈 알맞은 부정관사를 쓰세요.

→ _____ homme

2 빈칸에 들어갈 알맞은 부정관사를 쓰세요.

→ _____ étudiante

3 빈칸에 들어갈 알맞은 정관사를 쓰세요.

→ _____ amis

4 빈칸에 들어갈 알맞은 정관사를 쓰세요.

→ _____ île

5 빈칸에 들어갈 알맞은 부분관사를 쓰세요.

→ _____ beurre

6 빈칸에 들어갈 알맞은 부분관사를 쓰세요.

→ _____ salade

무료 동영상 바로 보기

프랑스어 기초 회화 표현을 큰 소리로 읽으면서 연습해 보세요!

C'est pas joli.
그거 안 예뻐.

La chaise est libre ?
이 의자 비었어?

Vas-y !
해!

Tu mets du sel ?
너 소금 넣어?

Quoi !?
뭐!?

Tu veux du thé ?
차 마실래?

Unité 05

프랑스어의 be 동사, 근본이 되는 être

무료 MP3 바로 듣기

Leçon 022 — 주어의 개념과 프랑스어 주어 인칭 대명사

문장의 주인! 주어와 주어 인칭 대명사

오늘의 체크 포인트

↳ 6가지로 분류되는 프랑스어 주어 인칭 대명사를 알아봐요.
↳ 2가지의 프랑스어 You와 We를 알아봐요.
↳ 3인칭 주어 인칭 대명사들의 쓰임을 알아봐요.

❶ 이것만은 알고 가자!

① **주어**란?
- 문장의 주인! 문장에서 주체가 되는 요소예요. 주어 자리에는 명사가 오고, 한국어에서는 '~은, 는, 이, 가'가 붙어요.

② **주어 인칭 대명사**란?
- '나, 너, 당신, 그, 그녀'처럼 명사를 대신해서 사람을 가리키는 말이에요.

❷ 주어 인칭 대명사

프랑스어의 주어 인칭 대명사는 크게 6가지로 분류돼요.

단수	1인칭	나	Je
	2인칭	너	Tu
	3인칭	그 / 그녀 / 우리	Il / Elle / On
복수	1인칭	우리	Nous
	2인칭	당신(들) / 너희들	Vous
	3인칭	그들 / 그녀들	Ils / Elles

① 프랑스어의 You는 2가지!

Tu
- 의미 : '너'
- 가까운 사이에 사용 (친구, 가족, 동료 등)

Vous
- 의미 : '당신' / '당신들'
- 처음 만난 사이, 예의를 갖추어야 할 때 사용

② 프랑스어의 We는 2가지!

Nous
- 기본적인 '우리'

On
- 구어에서 쓰이는 '우리'
- 동사 변화는 3인칭 단수형

③ Il, Ils & Elle, Elles 의 쓰임

- Il, Ils / Elle, Elles는 사람과 사물을 둘 다 지칭할 수 있어요.

처음 회화

Il est où ton chat ?
네 고양이 어디 있어?

Il dort.
자고 있어.

Quiz 1 '나'를 가리키는 프랑스어 주어 인칭 대명사는 무엇일까요?

→

Quiz 2 처음 만난 상대에게는 어떤 주어 인칭 대명사를 사용할까요?

→

정답 1. Je | 2. Vous

Leçon 023

프랑스어에서 제일 중요한 동사! être의 동사변화

주어 인칭 대명사가 être 동사를 만나면?

오늘의 체크 포인트

↳ 프랑스어의 필수 동사! être 동사를 알아봐요.
↳ être 동사가 각각의 주어 인칭 대명사를 만나면 어떻게 변화하는지 알아봐요.
↳ être 동사로 간단한 문장을 만들어 봐요.

❶ 이것만은 알고 가자!

① **동사**란?
- 동사는 '먹다, 공부하다'처럼 사람이나 사물의 동작을 나타내는 말이에요.

② 프랑스어 동사의 특징!
- 주어에 따라 동사의 모습이 달라져요.

❷ être 동사

être 는 '~이다, ~에 있다'라는 뜻을 가진 가장 기본적인 동사예요. 영어의 be 동사에 해당해요!

être ~이다, ~에 있다	Je suis	나는 ~이다
	Tu es	너는 ~이다
	Il / Elle / On est	그 / 그녀 / 우리는 ~이다
	Nous sommes	우리는 ~이다
	Vous êtes	당신은 / 너희들은 ~이다
	Ils / Elles sont	그들 / 그녀들은 ~이다

✿ TIP 주어 인칭 대명사와 동사 사이는 항상, 반드시 연음합니다!

Je suis coréen.	나는 한국인이에요. ('Je'가 남성일 때)
Tu es coréenne.	너는 한국인이구나. ('Tu'가 여성일 때)

● 어휘 coréen m. 한국(인)의 | coréenne f. 한국(인)의

Il est français.	그는 프랑스인이에요.
Elle est française.	그녀는 프랑스인이에요.

● 어휘 français m. 프랑스(인)의 | française f. 프랑스(인)의

Nous sommes étudiants.	우리는 대학생이에요.
Vous êtes canadien.	당신은 캐나다인이군요.

● 어휘 étudiant (남) 대학생 | étudiante (여) 대학생 | canadien m. 캐나다(인)의 | canadienne f. 캐나다(인)의

Ils sont japonais.	그들은 일본 사람이에요.
Elles sont japonaises.	그녀들은 일본 사람이에요.

● 어휘 japonais m. 일본(인)의 | japonaise f. 일본(인)의

처음 회화

Elle est française ?
그 여자 프랑스인이야?

Non, elle est canadienne.
아니, 그녀는 캐나다인이야.

Quiz être 동사를 주어 인칭 대명사에 맞춰 변화시켜 보세요.

1. Je _____
2. Elle _____
3. Vous _____

정답 1. suis | 2. est | 3. êtes

Leçon 023 주어 인칭 대명사가 être 동사를 만나면?

Leçon 024

프랑스어의 특별한 주어 인칭 대명사, on

on, 너의 정체는…

오늘의 체크 포인트

↳ 프랑스어의 특별한 주어, on에 대해 알아봐요.
↳ on의 쓰임들에 대해 알아봐요.
↳ on이 들어간 문장들을 살펴봐요.

❶ 프랑스어의 특별한 주어 On

① On의 쓰임

의미	쓰임
우리	구어에서 '우리'라는 뜻으로, Nous 대신 사용할 수 있어요.
사람들	'대부분의 사람들'이라는 집합적인 의미로 사용해요. 일반적인 이야기를 할 때 주어로 사용됩니다.
누군가	불특정한 '누군가'를 의미해요.

② On의 동사변화

- 문법적으로 On 은 3인칭 단수 취급을 해요. 그래서 주어 Il, Elle 과 같은 방법으로 동사변화합니다.

❷ On의 쓰임 (1) – 우리

On est là.	우리 왔어요. / 여기 있어요.
On est amis.	우리 친구잖아.

⊕ **어휘** là 여기에

82 주미에르의 처음 프랑스어

❸ On의 쓰임 (2) – 사람들

En France, on aime le fromage.   프랑스에서는, 사람들이 치즈를 좋아한다.
En Corée, on aime le Kimchi.   한국에서는, 사람들이 김치를 좋아한다.

◯ 어휘 aime 좋아하다 (amier 동사의 3인칭 단수형)

❹ On의 쓰임 (3) – 누군가

On frappe à la porte.   누군가 문을 두드린다.
On m'appelle.   누군가 나에게 전화를 한다.

◯ 어휘 frappe 두드리다 (frapper 동사의 3인칭 단수형) | porte n.f. 문

처음 회화

On fait quoi demain ?
우리 내일 뭐해?

On ne fait rien.
아무것도 안 해.

 On의 3가지 쓰임을 말해보세요.

→

 'On est amis.'라는 문장에서 On은 어떤 의미로 쓰였을까요?

→

정답 1. 우리, 사람들, 누군가 / 2. 우리 (해석 : 우리 친구였어.)

Leçon 024 on, 너의 정체는… **83**

Leçon 025

être 동사로 이름, 직업, 국적, 종교 말하기

être 동사 하나면 소개 끝~

오늘의 체크 포인트

↳ 프랑스어의 be 동사, être 동사를 익혀요.
↳ être 동사를 활용해 직업/종교/국적을 소개해 봐요.
↳ être 동사를 활용한 다양한 문장들을 살펴봐요.

❶ être 동사로 다양한 표현 말해보기

① 이름 말하기

Je suis Yuna.	저는 유나예요.

② 직업 말하기

- 직업을 나타내는 명사를 사용할 때는 관사를 쓰지 않아요.

Tu es médecin.	너는 의사구나.
Elle est boulangère.	그 여자는 제빵사예요.

💠 어휘 médecin 의사 | boulanger n.m. 제빵사 | boulangère n.f. 제빵사

③ 국적 말하기

Nous sommes allemands.	우리는 독일 사람이에요.
Vous êtes vietnamien.	당신은 베트남 사람이군요.

💠 어휘 allemand m. 독일(인)의 | allemande f. 독일(인)의 | vietnamien m. 베트남(인)의 | vietnamienne f. 베트남(인)의

🔴 TIP 국적을 나타내는 단어는 명사일 땐 대문자를 쓰고, 형용사일 땐 소문자를 써요!
예) Français : 프랑스인 / français : 프랑스(인)의

④ 종교 말하기

Ils sont chrétiens. 그들은 기독교인들이다.
Vous êtes bouddhiste. 당신은 불교인이군요.

● 어휘 chrétien m. 기독교(인)의 | chrétienne f. 기독교(인)의 | bouddhiste m.f. 불교(인)의

⑤ 신분 말하기

Elles sont touristes. 그녀들은 관광객들이다.

● 어휘 touriste 관광객

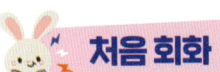

 Il est beau, non ?
그 남자 잘생기지 않았어?

 Tu es plus beau.
네가 더 잘생겼어.

 여러분의 이름을 넣어 발음해 보세요.

→ Je suis _____.

 '제빵사' 단어를 넣어 문장을 완성해 보세요.

→ Il est _____.

 '관광객' 단어를 넣어 문장을 완성해 보세요.

→ Nous sommes _____.

정답 1. (예시) Joomiere | 2. boulanger | 3. touristes

Leçon 025 être 동사 하나면 소개 끝~

Leçon 026
만능 표현 c'est!
'이건 정원이야.'

오늘의 체크 포인트

↳ être 동사의 대표적인 활용법, C'est ~ 표현을 알아봐요.
↳ 만능 표현 C'est ~ 의 다양한 문장들을 살펴봐요.
↳ < C'est + 관사 + 명사 > 형태에 익숙해져 봐요.

❶ C'est 표현

| ce
지시대명사
이것, 저것, 그것 | + | est
être 동사의 3인칭 단수형
~이다 | ⇨ | C'est
이것은 / 이 사람은 ~이다. |

❷ C'est ~ 활용하기

| C'est | + | 단수 관사 | + | 단수 명사 |

① 사물 말하기

C'est un jardin.	이것은 정원이에요.
C'est une table.	이것은 책상이에요.
C'est le musée.	이것은 그 박물관이야.
C'est la voiture.	이것은 그 자동차야.
C'est du pain.	이것은 빵이에요.
C'est de la confiture.	이것은 잼이에요.

○ 어휘 jardin n.m. 정원 | table n.f. 책상 | musée n.m. 박물관 | voiture n.f. 자동차 | pain n.m. 빵 | confiture n.f. 잼

② 사람 말하기

C'est le garçon.	이 사람이 그 소년이야.
C'est la fille.	이 사람이 그 소녀야.
C'est Delphine.	이 사람이 델핀이야.
C'est le professeur.	이 분이 그 선생님이야.
C'est un client.	이 분은 손님이야.
C'est une voisine.	이 분은 (여자) 이웃이야.

◎ 어휘 garçon n.m. 소년 | fille n.f. 소녀 | professeur 선생님 | client n.m. 손님 | voisine n.f. (여자인) 이웃

처음 회화

C'est quoi ça ?
이게 뭐야?

C'est un cadeau pour toi.
너를 위한 선물이야.

 **Quiz 1** '이건 책상이야.' 문장을 부정관사를 넣어 완성해 보세요.

→ C'est _____.

 **Quiz 2** '이 사람이 그 소년이야.' 문장을 정관사를 넣어 완성해 보세요.

→ C'est _____.

Quiz 3 '이 분은 여자인 이웃이야.' 문장을 부정관사를 넣어 완성해 보세요.

→ C'est _____.

정답 1. une table 2. le garçon 3. une voisine

Leçon 026 만능 표현 c'est ! '이건 정원이야.'

만능 표현 Ce sont

Leçon 027

만능 표현 ce sont !
'이것들은 자동차들이야.'

오늘의 체크 포인트

↘ C'est ~ 표현의 복수형인 Ce sont 을 알아봐요.
↘ 만능 표현 Ce sont 을 활용한 다양한 문장들을 살펴봐요.

❶ Ce sont 표현

ce 지시대명사	+	sont être 동사의 3인칭 복수형	⇨	Ce sont
이것, 저것, 그것		~이다		이것들은 / 이 사람들은 ~이다.

❷ Ce sont 활용하기

| Ce sont | + | 복수 관사 | + | 복수 명사 |

① 사물 말하기

Ce sont des tables.	이것들은 책상이야.
Ce sont des bouteilles.	이건 물병들이야.
Ce sont des bus.	이건 버스들이야.
Ce sont des fleurs.	이건 꽃들이야.
Ce sont les voitures.	이건 그 자동차들이야.
Ce sont les lettres.	이건 그 편지들이야.

○ 어휘 table n.f. 책상 | bouteille n.f. 물병 | bus n.m. 버스 | fleur n.f. 꽃 | voiture n.f. 자동차 | lettre n.f. 편지

② 사람 말하기

Ce sont les filles.	그 소녀들이야.
Ce sont les garçons.	그 소년들이야.
Ce sont des amis.	친구들이야.
Ce sont Julie et Philippe.	줄리와 필립이야.
Ce sont monsieur Martin et madame Dubois.	Martin 씨와 Dubois 씨입니다.

○ 어휘 monsieur 남성에 대한 존칭 | madame 여성에 대한 존칭

처음 회화

Ce sont des cadeaux ?
이거 선물들이야?

Oui, mais pas pour toi !
응, 근데 네 거 아냐!

 '꽃들이야.' 문장을 부정관사를 넣어 완성해 보세요.

→ Ce sont _____.

 '친구들이야.' 문장을 부정관사를 넣어 만들어 보세요.

→ _____.

 '이건 그 편지들이야.' 문장을 정관사를 넣어 만들어 보세요.

→ _____.

정답 1. des fleurs | 2. Ce sont des amis. | 3. Ce sont les lettres.

Leçon 027 만능 표현 ce sont ! '이것들은 자동차들이야.'

Leçon 028

강세형 인칭 대명사의 개념과 활용

누구냐고? 나야!
강세형 인칭 대명사

오늘의 체크 포인트

- 프랑스어의 강세형 인칭 대명사를 알아봐요.
- 강세형 인칭 대명사는 언제 사용하는지 알아봐요.
- 강세형 인칭 대명사가 들어가는 문장들을 살펴봐요.

❶ 강세형 인칭 대명사

강세형 인칭 대명사는 말 그대로 강세를 두어 강조된 인칭 대명사예요. 주어 인칭 대명사와는 달리 문장에서 단독으로 쓰이거나 전치사와 함께 쓰이기도 해요.

		주어 인칭 대명사		강세형 인칭 대명사
단수	1인칭	나	Je	moi
	2인칭	너	Tu	toi
	3인칭	그 / 그녀	Il / Elle	lui / elle
복수	1인칭	우리	Nous	nous
	2인칭	당신(들)	Vous	vous
	3인칭	그들 / 그녀들	Ils / Elles	eux / elles

❷ 강세형 인칭 대명사의 사용

① 주어 강조 : 주어의 앞에서 주어를 강조해주는 용도로 사용해요.

Moi, je suis coréen. 저요, 저는 한국인이에요.
Toi, tu es Jean ? 너, 네가 Jean 이니?

② C'est 구문 : C'est 바로 뒤에 넣어 사용해요.

| C'est lui ! | 그 사람이에요! |
| Là-bas, c'est elle ! | 저기, (저 사람이) 그녀야! |

◯ 어휘 là-bas 저기, 저기에

③ 단독 사용 : 인칭 대명사만으로 대답할 때, 강세형 인칭 대명사로 사용해요.

| Vous ! | 당신이요! |
| C'est qui ? – Moi ! | 누구야? – 나야! |

◯ 어휘 qui 누구

④ 전치사와 함께 사용 : 전치사 바로 뒤에 사용해요.

| Avec toi | 너와 함께 |
| Je suis chez eux. | 나는 그들의 집에 있다. |

◯ 어휘 avec ~와 함께 | chez ~의 집에서

 처음 회화

 **Qui veut du chocolat ?**
초콜릿 먹을 사람?

 **Moi !**
나!

 Quiz 강세형 인칭 대명사를 넣어 문장을 완성해 보세요.

1. 너, 너는 프랑스인이구나. → _____, tu es français.

2. 그 여자야. → C'est _____.

정답 1. Toi 2. elle

Leçon 028 누구냐고? 나야! 강세형 인칭 대명사

Leçon 029
강세형 인칭 대명사의 다양한 쓰임들

강세형 인칭 대명사를 활용한 다양한 문장들

오늘의 체크 포인트
- 지난 시간에 배운 강세형 인칭 대명사를 복습해봐요.
- 강세형 인칭 대명사가 들어간 다양한 문장을 살펴봐요.

❶ 강세형 인칭 대명사 복습

	주어	강세형		주어	강세형
나	Je	moi	우리	Nous	nous
너	Tu	toi	당신(들)	Vous	vous
그 / 그녀	Il / Elle	lui / elle	그들 / 그녀들	Ils / Elles	eux / elles

❷ 강세형 인칭 대명사의 활용

① C'est ~ / C'est à ~ / C'est pour ~

C'est moi.	저예요.
C'est toi.	너야.
C'est vous.	당신이에요.

C'est à moi.	내 것이에요.
C'est à elle.	그녀의 것이에요.

C'est pour vous.	당신을 위한 거예요.
C'est pour lui.	그 사람을(그를) 위한 거예요.

② 전치사

Après vous.	먼저 하세요. (당신 이후에 제가 할게요.)
chez moi	내 집(에서)
Je suis chez lui.	나는 그의 집에 있다.

◎ 어휘 après ~후에 | chez ~의 집에서

③ et

Et toi ?	너는?
Et vous ?	당신은요?

C'est à toi ce téléphone ?
이 핸드폰 네 거야?

Oui, merci !
응, 고마워!

Quiz 강세형 인칭 대명사를 넣어 문장을 완성해 보세요.

1. 나예요.　　　　　　　　→ C'est _____.

2. 그녀 거예요.　　　　　　→ C'est à _____.

3. 당신 먼저 하세요.　　　　→ Après _____.

정답 1. moi | 2. elle | 3. vous

Leçon 029 강세형 인칭 대명사의 다양한 쓰임들　93

Leçon 030

생각보다 아주 쉬운 프랑스어 부정문
부정문, 동사만 찾고 ne pas로 가두기

오늘의 체크 포인트

- 프랑스어의 부정문에 대해 알아봐요.
- 프랑스어 부정문을 만드는 간단한 방법을 알아봐요.
- 프랑스어 부정문의 예시들을 살펴봐요.

❶ 이것만은 알고 가자!

① 부정문이란?
- '긍정문'의 반대로 '그렇지 않음'을 나타내는 문장이에요.

② 프랑스어 부정문을 만드는 방법은?
- 동사를 가운데에 두고, 양 옆에 ne 와 pas 를 넣어주면 끝!

| ne | + | 동사 | + | pas |

❷ 프랑스어의 부정문

프랑스어 부정문을 만들 때, ① 동사를 가운데에 두고 ② 양 옆에 ne와 pas를 추가해요.

Je suis Minsoo.	저는 민수예요.
Je ne⁰ suis⁰ pas⁰ Minsoo.	저는 민수가 아니에요.

Je suis coréen.	저는 한국인이에요.
Je ne⁰ suis⁰ pas⁰ coréen.	저는 한국인이 아니에요.

ne 뒤에 모음으로 시작하는 동사가 올 경우, 축약해 n'로 써요.

Tu n'es pas cuisinière.	너는 요리사가 아니구나. ('Tu'가 여성일 때)
Il n'est pas japonais.	그는 일본인이 아니에요.
On n'est pas amis.	우리는 친구가 아니에요.
Elle n'est pas française.	그녀는 프랑스인이 아니에요.

주어가 복수일 경우에도 부정문을 만드는 방법은 똑같아요.

Nous ne sommes pas professeurs.	우리는 선생님이 아니에요.
Vous n'êtes pas coiffeur.	당신은 미용사가 아니군요.
Ils ne sont pas chrétiens.	그들은 기독교인이 아니에요.
Elles ne sont pas canadiennes.	그녀들은 캐나다 사람이 아니에요.

 처음 회화

 **Il est français ?**
그 남자 프랑스 사람이야?

 **Non, il n'est pas français, il est belge.**
아니, 그는 프랑스 사람 아니야, 벨기에 사람이야.

 부정문을 완성해 보세요.

1. 나는 일본인이 아니에요. → Je ____ suis ____ japonais(e).

2. 그녀는 요리사가 아니에요. → _____ ___ est _____ cuisinière.

3. 당신은 선생님이 아니군요. → _____ _____ _____ professeur.

정답 1. ne, pas | 2. Elle, n', pas | 3. Vous, n'êtes, pas

Leçon 031

생각보다 아주 쉬운 프랑스어 의문문

의문문, 억양만 올려봐요! 그러면 완성~

오늘의 체크 포인트

- 프랑스어의 의문문에 대해 알아봐요.
- 의문문을 만드는 3가지 방법을 알아봐요.
- 프랑스어 의문문의 예시들을 살펴봐요.

❶ 이것만은 알고 가자!

- **의문문**이란?
- 질문을 하는 문장을 '의문문'이라고 해요. 프랑스어에서는 의문문을 만드는 방법이 3가지가 있어요.

❷ 프랑스어의 의문문

① 억양 의문문

- 억양 의문문은 평서문에서 억양만 올려 물음표를 붙여주는 방법이에요.

Elle est allemande ↗ ?	그녀는 독일 사람인가요?
C'est de la confiture ↗ ?	이것은 잼인가요?
C'est Pierre ↗ ?	이 분이 피에르인가요?

➡ 어휘 allemand(e) 독일(인)의 | confiture n.f. 잼

② 도치 의문문

- 평서문에서 주어와 동사의 자리를 바꿔줘도 의문문을 만들 수 있어요.

Es-tu chanteuse ?	너는 가수니?
Êtes-vous français ?	당신은 프랑스 사람인가요?
Est-ce un livre ?	이건 책인가요?

➡ 어휘 chanteuse n.f. 가수 (chanteur의 여성형)

③ Est-ce que 의문문

- 평서문 앞에 Est-ce que만 붙여주면 돼요. 단, Est-ce que 뒤에 모음으로 시작되는 주어가 오면 축약해 Est-ce qu'로 써요!

Est-ce que c'est un jardin ?	이게 정원인가요?
Est-ce que vous êtes étudiant ?	당신은 대학생인가요?
Est-ce qu'ils sont anglais ?	그들은 영국 사람인가요?

처음 회화

Est-ce que vous êtes professeur ?
선생님이세요?

Oui, j'enseigne dans une école primaire.
네, 초등학교에서 가르쳐요.

 이 문장을 '억양 의문문'으로 만들어 보세요.

Vous êtes médecin. →

 이 문장을 '도치 의문문'으로 만들어 보세요.

Vous êtes médecin. →

 이 문장을 'Est-ce que 의문문'으로 만들어 보세요.

Vous êtes médecin. →

정답 1. Vous êtes médecin ? | 2. Êtes-vous médecin ? | 3. Est-ce que vous êtes médecin ?

Leçon 032

뭐라고 대답하지?

원어민처럼 보일 수 있는 대답 표현들

오늘의 체크 포인트

- 의문문에 대답하는 방법을 알아봐요.
- 기본적인 프랑스어 대답 표현들을 알아봐요.
- 다양하게 사용되는 대답 표현들을 살펴봐요.

❶ 가장 기본적인 대답

Oui	Non
Yes	No

❷ 긍정 대답

표현	Ouais.	OK.	D'accord.
	응.	오케이.	알겠어.
용법	가까운 사이에서 사용할 수 있는 'Oui'의 구어체적 표현	영어의 OK를 프랑스어식으로 발음하여 사용하는 표현	주로 제안을 받아들일 때나 알겠다고 말할 때 사용하는 표현

표현	Bien sûr.	Ça marche.
	물론이지.	잘 돼, 좋아, 그렇게 하자.
용법	영어의 Sure 처럼 사용할 수 있는 표현	'된다', '가능하다', '작동한다' 등 다양한 의미로 사용할 수 있는 만능 표현 중 하나

❸ 부정 대답

표현	Non, merci.	Ça marche pas.	C'est bon.
	아니요, 괜찮아요.	이거 안돼.	괜찮아.
용법	완곡하게 거절할 때 사용할 수 있는 표현	불가능하거나 안 된다는 말을 할 때 사용	어떤 제안에 괜찮다고 말하며 가볍게 거절할 때 사용

표현	Pas du tout.	Absolument pas.
	전혀 아니야.	절대 아니야.
용법	'전혀'라는 뜻으로, 영어의 'Not at all'에 해당하는 강한 부정 표현	'절대로 아니다'라는 의미로, 강한 부정 표현

 처음 회화

 **On fait un pique-nique ce week-end ?**
이번 주말에 피크닉 갈까?

 **Ouais, pourquoi pas !**
그럼, 왜 안 되겠어!

 **Quiz 1** 가장 기본적인 긍정 & 부정 대답 표현은?
→

 **Quiz 2** Oui를 친구 사이에서 편하게 말할 때 쓰는 표현은?
→

정답: 1. Oui, Non | 2. Ouais

Unité 5 종합 연습문제

A 다음 문제를 풀어 보세요.

1 주어 인칭 대명사에 대한 설명으로 옳지 않은 것은?
① 주어 인칭 대명사는 문장에서 주어 역할을 한다.
② 프랑스어에는 6가지의 주어 인칭 대명사가 있다.
③ 'Vous'는 항상 복수 주어를 지칭한다.
④ 'Il'과 'Elle'은 사람뿐만 아니라 사물도 지칭할 수 있다.

2 다음 중 être 동사가 올바르게 사용되지 않은 것은?
① Je suis étudiant.
② Nous sommes amis.
③ Elle es française.
④ Vous êtes coréen.

3 다음 중 Nous 와 같이 '우리'를 의미하는 프랑스어 주어 인칭 대명사는?
① On
② Vous
③ Tu
④ Ils

4 강세형 인칭 대명사에 대한 설명으로 옳지 않은 것은?
① 강세형 인칭 대명사는 강조할 때 사용된다.
② 강세형 인칭 대명사는 단독으로 사용할 수 없다.
③ 강세형 인칭 대명사는 전치사 뒤에 올 수 있다.
④ 강세형 인칭 대명사는 C'est 구문에서 주어를 강조할 때 사용할 수 있다.

5 다음 부정문 변환 중 올바르지 않은 것은?
① Je suis coréen. → Je ne suis pas coréen.
② Tu es étudiant. → Tu n'es pas étudiant.
③ Ils sont japonais. → Ils ne sont japonais pas.
④ Vous êtes médecin. → Vous n'êtes pas médecin.

6 다음 중 긍정적인 대답 표현이 아닌 것은?
① Bien sûr.
② Ouais.
③ Ça marche.
④ Pas du tout.

B 제시된 표현 또는 문장에 맞게 빈칸을 채워 보세요.

1 나는 한국인이에요.
→ _____ suis coréen(ne).

2 이건 자동차야.
→ _____ une voiture.

3 이것들은 자동차야.
→ _____ des voitures.

4 너와 함께
→ Avec _____

5 나는 프랑스인이 아니에요.
→ Je _____ suis _____ français.

6 당신은 의사인가요?
→ _____ vous êtes médecin ?

프랑스어 기초 회화 표현을 큰 소리로 읽으면서 연습해 보세요!

Il dort.
그는 자고 있어.

On fait quoi demain ?
우리 내일 뭐해?

C'est quoi ça ?
이게 뭐야?

C'est un cadeau pour toi.
너를 위한 선물이야.

Qui veut du chocolat ?
초콜릿 먹을 사람?

C'est à toi ce téléphone ?
이 핸드폰 네 거야?

Unité 06

명사의 오른팔, 형용사

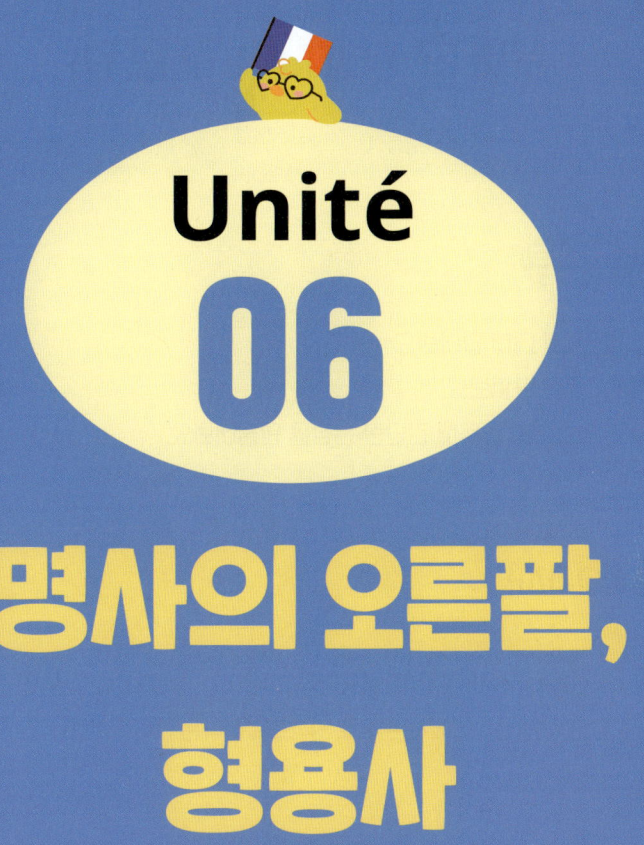

무료 MP3 바로 듣기

Leçon 033

형용사의 개념과 프랑스어 필수 형용사들

꾸미기? 형용사에게 맡겨!

오늘의 체크 포인트

↳ 프랑스어 형용사에 대해 알아봐요.
↳ 다양한 형용사들을 살펴봐요.
↳ être 동사와 형용사를 활용해 간단한 문장을 만들어봐요.

❶ 이것만은 알고 가자!

- 형용사란?
- 사람이나 사물의 성질을 나타내는 단어를 **형용사**라고 해요. 이 형용사들은 명사를 꾸며주는 역할을 해요. '예쁜, 맛있는, 빨간'처럼 한국어에서는 주로 '-ㄴ'으로 끝나는 단어들이랍니다.

❷ 다양한 프랑스어 형용사

① 기본적인 형용사

bon	좋은	mauvais	안 좋은, 나쁜
jeune	젊은, 어린	vieux	나이 든, 늙은
petit	작은	grand	큰
beau	아름다운, 멋진	nouveau	새로운

② 색깔을 나타내는 형용사

rouge	빨간색의	vert	초록색의
jaune	노란색의	bleu	파란색의
orange	주황색의	violet	보라색의
blanc	하얀색의	noir	검은색의

③ 맛을 나타내는 형용사

bon	맛있는	salé	짠
sucré	단	amer	쓴

④ 감정, 성격을 나타내는 형용사

heureux	행복한	sérieux	진지한
timide	소심한	surpris	놀란

처음 회화

Ce fromage est bon ?
이 치즈 맛있어?

Oui, mais trop salé.
응, 근데 너무 짜.

Quiz 1 제시된 문장을 완성해 보세요.

나는 키가 크다. → Je suis _____.

Quiz 2 제시된 문장을 완성해 보세요.

그는 행복하다. → Il est _____.

Quiz 3 제시된 문장을 완성해 보세요.

너는 소심하니? → Tu es _____ ?

정답 1. grand | 2. heureux | 3. timide

Leçon 033 꾸미기? 형용사에게 맡겨!

Leçon 034 형용사의 위치

어디에서 꾸며줄까?

오늘의 체크 포인트

↳ 프랑스어 형용사가 명사를 수식하는 위치를 알아봐요.
↳ 명사와 형용사가 함께 나오는 예시들을 살펴봐요.
↳ 명사와 형용사가 들어간 문장들을 살펴봐요.

❶ 이것만은 알고 가자!

- **형용사**의 수식 위치

- 프랑스어 형용사는 명사 뒤에 위치하여 꾸며주는 것이 원칙이에요. 영어와 한국어에서는 '빨간 자동차 (a red car)'처럼 형용사가 명사 앞에 오지만, 프랑스어는 반대예요!

관사	명사	형용사
une	voiture	rouge
한	자동차	빨간

❷ 명사 + 형용사 조합

일상 회화에서 자주 사용되는 명사 + 형용사 조합 표현을 익혀 보세요.

le ciel bleu	파란 하늘	un livre jaune	노란색 책
du pain sucré	달달한 빵	du beurre salé	짭짤한 버터
un garçon timide	소심한 소년	une fille intelligente	똑똑한 소녀
un chien mignon	귀여운 강아지	un chat noir	검은 고양이
un sac lourd	무거운 가방	une robe longue	긴 원피스

❸ 형용사를 활용한 문장

C'est un verre vert. 이건 초록색 잔입니다.
C'est un homme sérieux. 이 사람은 진지한 남자입니다.
C'est un médicament amer. 이건 쓴 약입니다.

처음 회화

Ça va ?
잘 지내시죠?

Oui. Ça va !
그럼요. 잘 지냅니다!

Quiz 1 제시된 표현을 완성해 보세요.

초록색 책 → un livre _____

Quiz 2 제시된 표현을 완성해 보세요.

짭짤한 빵 → du pain _____

Quiz 3 제시된 문장을 완성해 보세요.

이건 노란색 자동차야. → C'est _____.

정답: 1. vert | 2. salé | 3. une voiture jaune

Leçon 034 어디에서 꾸며줄까?

Leçon 035

형용사의 위치 (2)

앞에서도 꾸며주~지!

오늘의 체크 포인트

↳ 앞에서 수식하는 형용사를 알아봐요.
↳ 명사와 형용사가 들어간 문장들을 살펴봐요.

❶ 이것만은 알고 가자!

- **앞에서** 꾸며주는 형용사?
- 프랑스어 형용사는 명사 뒤에 위치하여 꾸며주는 것이 원칙이지만, 명사의 앞에 위치하는 형용사들도 있어요.

관사	형용사	명사
un	beau	garçon
한	아름다운	소년

❷ 형용사 + 명사 조합

크기, 아름다움, 나이, 선악, 순서 등을 나타내는 형용사는 명사 앞에 오는 경우가 많아요.

un nouveau livre	새로운 책	un vieux film	오래된 영화
un grand magasin	큰 상점	un petit chien	작은 강아지
un bon vin	좋은 와인	une mauvaise idée	나쁜 생각
un jeune homme	젊은 남자	une belle femme	아름다운 여성
un premier amour	첫사랑	un joli cadeau	예쁜 선물

❸ 형용사를 활용한 문장

C'est un beau pays.   멋진 나라입니다.
C'est un mauvais produit.   이건 불량품입니다.
Il est un grand garçon.   그는 키가 큰 소년입니다.
Tu es un bon ami.   너는 좋은 친구야.

 처음 회화

C'est un bon restaurant ?
여기 맛있는 레스토랑이야?

Oui, c'est un bon restaurant italien.
응, 맛있는 이탈리안 레스토랑이야.

 제시된 표현을 완성해 보세요.

큰 책   → un _____ livre

 제시된 표현을 완성해 보세요.

오래된 와인   → un _____ vin

Quiz 3 제시된 문장을 완성해 보세요.

그는 좋은 친구야.   → Il est _____.

정답 1. grand | 2. vieux | 3. un bon ami

Leçon 035 앞에서도 꾸며주~지! **109**

Leçon 036 — 형용사의 성수일치, 여성형

형용사야!
명사한테 잘 맞춰줘~

오늘의 체크 포인트

↳ 형용사의 성수일치를 알아봐요.
↳ 형용사의 여성형을 알아봐요.
↳ 문장 속에서 어떻게 활용되는지 살펴봐요.

❶ 이것만은 알고 가자!

① **형용사의 성수일치**

- 프랑스어에서는 형용사가 꾸며주는 명사의 성(남성/여성)과 수(단수/복수)에 형용사의 모양을 일치시켜요.

② **형용사의 기본 형태는 4가지!**

	남성	여성
단수	남성 단수형	여성 단수형
복수	남성 복수형	여성 복수형

❷ 형용사의 여성형 만들기

규칙	내용	예시
규칙 1	기본적으로 형용사의 여성형은 기본형(남성 단수형)에 e를 붙여요.	petit - petite
규칙 2	n으로 끝나는 형용사의 여성형은 n을 한 번 더 쓰고 e를 붙여요.	bon - bonne
규칙 3	x로 끝나는 형용사의 여성형은 x를 지우고 se를 붙여요.	heureux - heureuse
규칙 4	er로 끝나는 형용사는 er를 ère로 바꿔줘요.	amer - amère
규칙 5	e로 끝나는 형용사는 여성형도 동일해요.	jeune - jeune
규칙 6	그 밖에, 모양이 불규칙하게 바뀌는 형용사도 있어요.	vieux - vieille

❸ 형용사의 여성형

남성 단수형	여성 단수형	뜻	남성 단수형	여성 단수형	뜻
bon	bonne	좋은	mauvais	mauvaise	안 좋은, 나쁜
jeune	jeune	젊은, 어린	vieux	vieille	나이 든, 늙은
petit	petite	작은	grand	grande	큰
beau	belle	아름다운, 멋진	nouveau	nouvelle	새로운
rouge	rouge	빨간색의	jaune	jaune	노란색의
vert	verte	초록색의	bleu	bleue	파란색의
bon	bonne	맛있는	sucré	sucrée	단
salé	salée	짠	amer	amère	쓴
heureux	heureuse	행복한	timide	timide	소심한
sérieux	sérieuse	진지한	surpris	surprise	놀란

une belle maison — 예쁜 집
une fille surprise — 놀란 소녀
une bonne idée — 좋은 생각
de la bière amère — 쓴 맥주

처음 회화

C'est une nouvelle voiture ?
이거 새 차야?

Non, c'est à mon père.
아니, 우리 아빠 거야.

Quiz 제시된 문장을 완성해 보세요.

작은 꽃이다. → C'est une _____ fleur.

정답 petite

Leçon 036 형용사야! 명사한테 잘 맞춰줘~

Leçon 037

형용사의 성수일치, 복수형

형용사에도 s를 붙인다?!

오늘의 체크 포인트

- 형용사의 성수일치를 알아봐요.
- 형용사의 복수형을 알아봐요.
- 문장 속에서 어떻게 활용되는지 살펴봐요.

❶ 형용사의 복수형 만들기

'성수일치' 원칙에 따라 명사가 복수형이면 형용사도 복수형으로 만들어요!

규칙	내용	예시
규칙 1	기본적으로 형용사의 복수형은 기본형(남성 단수형)에 s를 붙여요.	petit - petits
규칙 2	s, x로 끝나는 형용사는 단수형과 복수형이 동일해요.	gros - gros heureux - heureux
규칙 3	al로 끝나는 형용사는 al를 aux로 바꿔줘요.	spécial - spéciaux
규칙 4	eau로 끝나는 형용사는 x를 붙여줘요.	beau - beaux

❷ 형용사의 복수형

남성 단수형	남성 복수형	뜻	남성 단수형	남성 복수형	뜻
bon	bons	좋은	jeune	jeunes	젊은, 어린
petit	petits	작은	grand	grands	큰
mauvais	mauvais	안 좋은, 나쁜	surpris	surpris	놀란
sérieux	sérieux	진지한	doux	doux	부드러운
normal	normaux	일반적인	international	internationaux	국제적인
nouveau	nouveaux	새로운	jumeau	jumeaux	쌍둥이의

❸ 형용사의 4가지 형태와 복수형 활용하기

작은	petit	petite		놀라운	surpris	surprise
	petits	petites			surpris	surprises
행복한	heureux	heureuse		아름다운, 멋진	beau	belle
	heureux	heureuses			beaux	belles

일반적으로 '복수 명사 + 복수 형용사'를 사용할 때는 des를 써요.

| des garçons surpris | 놀란 소년들 | des filles surprises | 놀란 소녀들 |
| des amis jeunes | 젊은 친구들 | des amis heureux | 행복한 친구들 |

'복수 형용사 + 복수 명사'의 순서일 때는 des가 de로 바뀌어요!

| de grands rêves | 큰 꿈들 | de grandes maisons | 큰 집들 |
| de petits livres | 작은 책들 | de nouveaux magasins | 새로운 상점들 |

🐰 처음 회화

Ce sont des chaussures confortables ?
이거 편안한 신발이야?

Non, je veux les enlever.
아니, 벗어버리고 싶어.

⁉️ Quiz 제시된 표현을 완성해 보세요.

1. 큰 아파트들 → de _____ appartements

2. 작은 책들 → de _____ livres

정답 1. grands | 2. petits

Leçon 037 형용사에도 s를 붙인다?!

Leçon 038

형용사 남성 제2형

모음, h로 시작하는 남성명사 앞에서 또 새로워지는 형용사들

오늘의 체크 포인트

↳ 새롭게 변화하는 형용사의 형태를 알아봐요.
↳ 이 형용사는 어떻게 활용되는지 살펴봐요.

❶ 새로운 모습의 형용사

프랑스어 형용사는 기본적으로 4가지 형태를 가지지만, 모음이나 무성 h로 시작하는 남성 단수 명사 앞에서 새로운 형태를 갖는 형용사가 있어요!

① **beau** 아름다운, 멋진

- beau 뒤에 모음 / 무성 h로 시작하는 남성 단수 명사가 오면, 모음 충돌을 막기 위해 'beau → bel'로 형태가 달라져요!

기본 형태			새로운 형태	
beau	belle	⇨	beau / bel	belle
beaux	belles		beaux	belles

un bel homme	멋진 남자	un bel ongle	멋진 손톱

◯ 어휘 ongle n.m 손톱

② **nouveau** 새로운

- nouveau 뒤에 모음 / 무성 h로 시작하는 남성 단수 명사가 오면, 모음 충돌을 막기 위해 'nouveau → nouvel'로 형태가 달라져요!

기본 형태			새로운 형태	
nouveau	nouvelle	⇨	nouveau / nouvel	nouvelle
nouveaux	nouvelles		nouveaux	nouvelles

| un nouvel espoir | 새로운 희망 | un nouvel ordinateur | 새 컴퓨터 |

● 어휘 ordinateur n.m 컴퓨터

③ vieux 늙은, 오래된

- vieux 뒤에 모음 / 무성 h로 시작하는 남성 단수 명사가 오면, 모음 충돌을 막기 위해 'vieux → vieil'로 형태가 달라져요!

기본 형태	
vieux	vieille
vieux	vieilles

⇨

새로운 형태	
vieux / vieil	vieille
vieux	vieilles

| un vieil appartement | 오래된 아파트 | un vieil ami | 오래된 친구 |

C'est un vieil ordinateur ?
이거 오래된 컴퓨터야?

Oui, il est très lent.
응, 그거 정말 느려.

Quiz 제시된 표현을 완성해 보세요.

1. 멋진 아파트 → un _____ appartement

2. 오래된 호텔 → un _____ hôtel

3. 새 친구 → un _____ ami

정답 1. bel | 2. vieil | 3. nouvel

Leçon 038 모음, h로 시작하는 남성명사 앞에서 또 새로워지는 형용사들

Leçon 039

활용도 만점! C'est + 형용사 표현

음, 맛있다! C'est bon !

오늘의 체크 포인트

↳ 만능 C'est 표현 뒤에 형용사를 넣어봐요.
↳ 다양한 형용사를 사용해 풍부한 표현을 해봐요.
↳ 문장들을 생생하게 발음해봐요.

❶ 이것만은 알고 가자!

① 만능 C'est와 형용사
- 상황에 대한 간단한 의견을 말할 수 있고, 사물의 일반적인 성질을 표현할 수 있어요.

② C'est와 함께? 남성형으로!
- C'est 뒤에 오는 형용사는 항상 남성 단수형 형용사를 사용해요.

❷ C'est + 형용사

① 기본 형태
- '이것은 ~하다, 그것은 ~하다'라는 의미예요.

C'est vrai.	진실이다. / 맞아.
C'est génial.	근사하다. / 대단하다.
C'est top.	최고다. / 너무 좋다.
C'est parfait.	완벽하다. / 너무 좋다.
C'est beau.	멋지다. / 예쁘다.
C'est salé.	짜다.
C'est sucré.	달다.

⊕ 어휘 vrai 사실의 | génial 뛰어난 | top 최고의 | parfait 완벽한 | beau 보기 좋은, 멋진, 예쁜 | salé (맛이) 짠 | sucré (맛이) 단

② 의문문
- '이것은 ~하니?, 그것은 ~하니?'라는 의미예요.

C'est gratuit ?	무료예요?
C'est bon ?	맛있어요?
C'est cher ?	비싸요?

◯ 어휘 gratuit 무료의 | bon 맛있는, 좋은 | cher 비싼

처음 회화

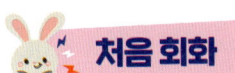

C'est gratuit ?
이거 공짜야?

Non, rien n'est gratuit.
아니, 공짜는 아무것도 없어.

Quiz 제시된 표현을 완성해 보세요.

1. 완벽하다.   → C'est _____.

2. 짜다.   → C'est _____.

3. 무료예요?   → C'est _____ ?

정답 1. parfait | 2. salé | 3. gratuit

Leçon 039 음, 맛있다! C'est bon !

Leçon 040

문장을 풍부하게! 부사

오, 정말 맛있다!
C'est tres bon !

오늘의 체크 포인트

↳ 다양한 강조 부사들을 알아봐요.
↳ 부사와 형용사를 함께 사용한 문장들을 살펴봐요.
↳ 문장들을 생생하게 발음해봐요.

❶ 이것만은 알고 가자!

① 부사란?

- 부사는 문장의 뜻을 더 분명하게 해주는 부가적인 요소예요. 형용사, 동사를 꾸며주거나 다른 부사나 문장 전체를 꾸며주기도 해요.

② C'est + 부사 + 형용사

- 상황을 강조해줄 때, 형용사 앞에 강조를 나타내는 부사를 사용할 수 있어요.

❷ "C'est + 형용사"를 강조해주는 부사들

très	아주	vraiment	정말, 매우
trop	너무, 몹시	tellement	매우, 엄청

❸ C'est + 부사 + 형용사

① 기본 형태

C'est très bon.   정말 맛있다.
C'est très bizarre.   아주 이상하다.

C'est vraiment salé.	정말 짜다.
C'est vraiment incroyable.	정말 믿을 수가 없다.
C'est trop sucré.	너무 달다.
C'est trop drôle.	너무 웃기다.
C'est tellement génial.	진짜 근사하다.
C'est tellement facile.	진짜 쉽다.

⊕ 어휘 bizarre 이상한 | incroyable 믿을 수 없는 | drôle 웃긴 | facile 쉬운

② 부정문

Ce n'est pas très facile.	그렇게 쉽지 않다.
Ce n'est pas très tôt.	그렇게 이르지는 않다.

⊕ 어휘 facile 쉬운 | tôt 이른, 일찍의

처음 회화

C'est difficile ?
이거 어려워?

Non, ce n'est pas difficile, c'est juste long.
아니, 어렵진 않고 그냥 길어.

Quiz 제시된 표현을 완성해 보세요.

1. 정말 맛있다. → C'est _____ bon.

2. 너무 웃기다. → C'est _____ drôle.

3. 진짜 쉽다. → C'est _____ facile.

정답 1. très | 2. trop | 3. tellement

Leçon 040 오, 정말 맛있다! C'est tres bon !

Unité 6 종합 연습문제

A 다음 문제를 풀어 보세요.

1 프랑스어 형용사에 대한 설명으로 틀린 것은?
① 형용사는 명사를 꾸며주는 역할을 한다.
② 모든 형용사는 명사 앞에 위치한다.
③ 형용사는 명사의 성에 따라 변할 수 있다.
④ 형용사는 명사의 수에 따라 변할 수 있다.

2 다음 중 명사를 꾸미는 형용사의 위치가 올바르게 사용된 문장은?
① une voiture rouge
② rouge une voiture
③ voiture une rouge
④ une rouge voiture

3 다음 중 올바르게 형용사가 사용되지 않은 문장은?
① C'est un grand magasin.
② Il est un bon ami.
③ C'est un vin vieux.
④ C'est un beau pays.

4 다음 중 형용사의 복수형이 올바르지 않은 것은?
① petit → petits
② beau → beaus
③ grand → grands
④ spécial → spéciaux

5 C'est + 형용사 표현에 대한 설명으로 옳지 않은 것은?
① C'est는 상황에 대한 간단한 의견을 표현할 때 사용할 수 있다.
② C'est 뒤에 오는 형용사는 항상 여성형으로 변형해야 한다.
③ C'est génial은 "근사하다"라는 의미를 가진다.
④ C'est gratuit는 "무료예요"라는 뜻이다.

6 다음 중 C'est + 형용사 표현이 틀리게 사용된 문장은?
① C'est délicieux.
② C'est parfait.
③ C'est nouvelles.
④ C'est joli.

B 제시된 표현 또는 문장에 맞게 빈칸을 채워 보세요.

1 나는 키가 커요.
→ Je suis _____(e).

2 이건 달콤한 빵이야.
→ C'est du pain _____.

3 작은 책
→ un _____ livre

4 행복한 소녀
→ une fille _____

5 새로운 상점들
→ de _____ magasins

6 무료예요?
→ C'est _____ ?

처음 Talk talk!

프랑스어 기초 회화 표현을 큰 소리로 읽으면서 연습해 보세요!

Ce fromage est bon ?
이 치즈 맛있어?

C'est un bon restaurant ?
여기 맛있는 레스토랑이야?

C'est une nouvelle voiture ?
이거 새 차야?

C'est un vieil ordinateur ?
이거 오래된 컴퓨터야?

C'est gratuit ?
이거 공짜야?

C'est difficile ?
이거 어려워?

Unité 07

숫자

무료 MP3 바로 듣기

Leçon 041

어서 와, 프랑스어 숫자는 처음이지? 0~19

오늘의 체크 포인트

↳ 프랑스어 숫자, 0~19부터 시작해봐요!
↳ 숫자들을 직접 발음해봐요.
↳ 외우기보다, 반복적으로 말해봐요.

❶ 숫자 0~19 한 눈에 보기

0	1	2	3	4
zéro [제호]	un [앙]	deux [되]	trois [트후아]	quatre [꺄트흐]
5	6	7	8	9
cinq [쌍끄]	six [씨쓰]	sept [쎄뜨]	huit [위뜨]	neuf [뇌f프]
10	11	12	13	14
dix [디쓰]	onze [옹즈]	douze [두즈]	treize [트헤즈]	quatorze [꺄또ㅎ즈]
15	16	17	18	19
quinze [꺙즈]	seize [쎄즈]	dix-sept [디쎄뜨]	dix-huit [디즈위뜨]	dix-neuf [디즈뇌f프]

❷ 0~19 숫자 익히기

① 0~16

- 프랑스어에서 숫자 0~16까지는 고유한 이름을 가지고 있어요. 아래 예문으로 프랑스어 숫자 읽는 법을 연습해 보세요.

1 + 4 = 5 un + quatre = cinq	3 + 6 = 9 trois + six = neuf
2 + 10 = 12 deux + dix = douze	7 + 8 = 15 sept + huit = quinze

② 17~19

- 17~19는 '10+숫자' 형태로 구성돼요.

10 + 7	10 + 8	10 + 9
dix + sept	dix + huit	dix + neuf
⇩	⇩	⇩
17	18	19
dix-sept	dix-huit	dix-neuf

처음 회화

C'est combien ?
이거 얼마야?

10 euros.
10유로.

Quiz 제시된 숫자를 프랑스어로 말해 보세요.

1. 2   2. 14   3. 18

정답 1. deux | 2. quatorze | 3. dix-huit

Leçon 042

숫자 20~69

그래도 이건 규칙이 있다! 20~69

오늘의 체크 포인트

↳ 프랑스어 숫자, 20부터 69까지 알아봐요.
↳ 20~69의 규칙을 알아봐요.
↳ 숫자들을 직접 발음해봐요.

❶ 20~69 숫자 익히기

① 20~29

20	21	22	23	24
vingt	vingt et un	vingt-deux	vingt-trois	vingt-quatre
25	26	27	28	29
vingt-cinq	vingt-six	vingt-sept	vingt-huit	vingt-neuf

② 30~39

30	31	32	33	34
trente	trente et un	trente-deux	trente-trois	trente-quatre
35	36	37	38	39
trente-cinq	trente-six	trente-sept	trente-huit	trente-neuf

③ 40~49

40	41	42	43	44
quarante	quarante et un	quarante-deux	quarante-trois	quarante-quatre
45	46	47	48	49
quarante-cinq	quarante-six	quarante-sept	quarante-huit	quarante-neuf

④ 50~59

50	51	52	53	54
cinquante	cinquante et un	cinquante-deux	cinquante-trois	cinquante-quatre
55	56	57	58	59
cinquante-cinq	cinquante-six	cinquante-sept	cinquante-huit	cinquante-neuf

⑤ 60~69

60	61	62	63	64
soixante	soixante et un	soixante-deux	soixante-trois	soixante-quatre
65	66	67	68	69
soixante-cinq	soixante-six	soixante-sept	soixante-huit	sioxante-neuf

프랑스어에서 20~69까지의 숫자는 20(vingt), 30(trente), 40(quarante), 50(cinquante), 60(soixante)을 먼저 익히고 그 뒤에 1~9를 붙이면 돼요! 단, 21, 31, 41, 51, 61은 et(그리고)를 붙여요.

 **처음 회화**

 **On part quand ?**
우리 언제 출발해?

 **Dans 30 minutes.**
30분 뒤.

Quiz 제시된 숫자를 프랑스어로 말해 보세요.

1. 21   2. 35   3. 59

정답 1. vingt et un | 2. trente-cinq | 3. cinquante-neuf

숫자 + 단위 표현 연음해보기

Leçon 043
숫자는 연음을 좋아해~

오늘의 체크 포인트

↳ 숫자 뒤에 모음, h로 시작하는 단어가 오면 어떻게 발음되는지 알아봐요.
↳ 숫자와 함께 사용되는 여러 단위들을 알아봐요.
↳ 숫자+단위 표현들을 직접 발음해봐요.

❶ 이것만은 알고 가자!

• 숫자는 연음을 좋아해!
- 숫자 뒤에 모음이나 h로 시작하는 단어가 오면, 연음해 줘야해요.

❷ 숫자와 함께 쓰는 단위

euro(s)	an(s)	heure(s)
유로(€)	해, 년(年)	시, 시간

가격, 나이, 시간을 말할 때 사용하는 단위는 숫자와 자주 함께 써요. 2 이상의 숫자부터는 s를 붙여줘요.

❸ 숫자 + 단위 연음해보기

① euro(s)

un	trois	sept
⇩	⇩	⇩
1유로 un euro [아 뇌호]	3유로 trois euros [트후아 죄호]	7유로 sept euros [쎄 뙤호]

128 주미에르의 처음 프랑스어

기수		서수	
sept	7	septième	일곱 번째
huit	8	huitième	여덟 번째
neuf	9	neuvième	아홉 번째
dix	10	dixième	열 번째

◯ TIP 9는 발음의 편의를 위해 f를 v로 바꿔요.

❸ 서수를 넣어 표현해 보기

le premier jour	첫 번째 날
la deuxième rue	두 번째 길
le troisième cours	세 번째 수업

◯ 어휘 jour n.m 날 | rue n.f 길 | cours n.m 수업

Tu habites au deuxième étage ?
너 2층에 살아?

Non, au troisième.
아니, 3층.

 아래 제시된 서수를 프랑스어로 말해 보세요.

1. 두 번째　　2. 일곱 번째　　3. 아홉 번째

정답 1. deuxième | 2. septième | 3. neuvième

Leçon 045 프랑스어 서수는 더 쉽다! **133**

포기하지 말아요! 숫자 70~99

Leçon 046

도전! 복잡한 숫자! 70~99

오늘의 체크 포인트

↘ 프랑스어 70~99 숫자를 알아봐요.
↘ 70~99는 어떤 규칙을 가지고 있는지 살펴봐요.

❶ 70~99 숫자 익히기

① 70~79

- 70~79는 '60(soixante) + 추가 숫자' 형태로 표현돼요.

70	60 + 10	soixante-dix
71	60 + 11	soixante et onze
72	60 + 12	soixante-douze
73	60 + 13	soixante-treize
74	60 + 14	soixante-quatorze
75	60 + 15	soixante-quinze
76	60 + 16	soixante-seize
77	60 + 17	soixante-dix-sept
78	60 + 18	soixante-diz-huit
79	60 + 19	soixante-dix-neuf

② 80~89

- 80부터는 '4 x 20(=quatre-vingts)'라는 개념을 사용해요. 81부터는 quatre-vingt-(숫자) 형태로 이어지는데, 80(vingts)에서는 s가 붙지만, 81부터는 s가 사라져요!

80	4 x 20	quatre-vingts
81	4 x 20 + 1	quatre-vingt-un
82	4 x 20 + 2	quatre-vingt-deux
83	4 x 20 + 3	quatre-vingt-trois
84	4 x 20 + 4	quatre-vingt-quatre

85	4 x 20 + 5	quatre-vingt-cinq
86	4 x 20 + 6	quatre-vingt-six
87	4 x 20 + 7	quatre-vingt-sept
88	4 x 20 + 8	quatre-vingt-huit
89	4 x 20 + 9	quatre-vingt-neuf

③ 90~99

- 90~99는 '80(quatre-vingts) + 추가 숫자'의 개념으로 표현돼요.

90	80(4 x 20) + 10	quatre-vingt-dix
91	80(4 x 20) + 11	quatre-vingt-onze
92	80(4 x 20) + 12	quatre-vingt-douze
93	80(4 x 20) + 13	quatre-vingt-treize
94	80(4 x 20) + 14	quatre-vingt-quatorze
95	80(4 x 20) + 15	quatre-vingt-quinze
96	80(4 x 20) + 16	quatre-vingt-seize
97	80(4 x 20) + 17	quatre-vingt-dix-sept
98	80(4 x 20) + 18	quatre-vingt-dix-huit
99	80(4 x 20) + 19	quatre-vingt-dix-neuf

 처음 회화

 **Tu peux compter jusqu'à 99 ?**
99까지 셀 수 있어?

 **Oui ! 1, 2, 3... euh j'ai oublié !**
응! 1, 2, 3… 어… 까먹었다!

Quiz 제시된 숫자를 프랑스어로 말해 보세요.

1. 72   2. 80   3. 99

정답: 1. soixante-douze | 2. quatre-vingts | 3. quatre-vingt-dix-neuf

Unité 7 종합 연습문제

A 다음 문제를 풀어 보세요.

1 다음 숫자 중 올바르게 연결되지 않은 것은?

① 10 - six
② 19 - dix-neuf
③ 51 - cinquante et un
④ 99 - quatre-vingt-dix-neuf

4 시간 표현과 관련된 설명 중 옳지 않은 것은?

① 시간을 말할 때는 비인칭 주어 il을 사용한다.
② '2시'를 나타내는 표현은 [되 죄흐]로 읽는다.
③ '9시'를 나타내는 표현은 [뇌 v뵈흐]로 읽는다.
④ '1시입니다'는 'Il est un heure.' 로 쓴다.

2 다음 중 숫자+단위 표현이 올바르게 쓰인 것은?

① 3년 → trois heure
② 5유로 → cinq euros
③ 1시간 → un an
④ 2유로 → deux ans

5 다음 중 '몇 시인가요?'를 묻는 올바른 표현은?

① Il est quelle heure ?
② Elle est quelle heure ?
③ Tu es quelle heure ?
④ Vous êtes quelle heure ?

3 다음 중 숫자+단위 연음이 올바르게 적용되지 않은 것은?

① un euro → [아 뇌호]
② trois heures → [트후아 죄흐]
③ sept ans → [쎄 떵]
④ huit ans → [위트 안]

6 다음 중 서수 표현이 올바르게 사용된 문장은?

① le premier jour
② la première rue
③ le deuxième étage
④ 모두 맞음

B 제시된 표현을 프랑스어로 써 보세요.

1 80

→

2 8유로

→

3 77년

→

C 제시된 표현 또는 문장에 맞게 빈칸을 채워 보세요.

1 9시입니다.

→ Il est _____ heures.

2 첫 번째

→ _____ (남성형) / _____ (여성형)

3 세 번째 수업

→ le _____ cours

처음 Talk talk!

무료 동영상 바로 보기

프랑스어 기초 회화 표현을 큰 소리로 읽으면서 연습해 보세요!

C'est combien ?
이거 얼마야?

On part quand ?
우리 언제 출발해?

On mange à quelle heure ?
우리 밥 몇 시에 먹어?

Il est quelle heure ?
지금 몇 시야?

Il est 8 heures.
8시야.

J'ai oublié !
잊어버렸어!

Unité 08
지시사와 소유사

무료 MP3 바로 듣기

지시 형용사

Leçon 047
'이, 그, 저' 극강의 효율!
ce, cette, ces

오늘의 체크 포인트

↳ '이, 그, 저'를 뜻하는 프랑스어 지시 형용사를 알아봐요.
↳ 지시 형용사를 사용한 표현들을 살펴봐요.
↳ 지시 형용사가 포함된 표현들을 직접 생생하게 말해봐요.

❶ 이것만은 알고 가자!

① **프랑스어 지시 형용사는 만능!**
- '지시'는 가리키는 말이라는 뜻인데요, 지시 형용사는 상황에 따라, '이, 그, 저'로 표현할 수 있어요.

② **명사를 꾸며줘요!**
- 지시 형용사는 '형용사'의 일종이에요. 명사 앞에 위치하면서 명사의 범위를 좁혀주는 역할을 해요.

③ **시간 표현으로도 사용 가능해요!**
- 시간을 나타내는 명사와 함께 사용하면 '오늘, 이번 주, 올해'와 같은 표현을 할 수 있어요.

❷ 지시 형용사

	남성	여성
단수	ce(t)	cette
복수	ces	

beau, nouveau, vieux 와 마찬가지로, 지시 형용사도 모음이나 무성 h로 시작하는 남성 단수 명사 앞에서 ce가 아니라 cet로 쓴답니다!

ce livre	이 책	ce crayon	이 연필
cette salade	이 샐러드	cette clé	이 열쇠
ces pommes	이 사과들	ces gens	이 사람들
cet hôtel	이 호텔	cet amour	이 사랑

❸ 지시 형용사 + 시간 명사

ce matin	오늘 아침	cette semaine	이번 주
ce soir	오늘 저녁	cette année	올해
cet après-midi	오늘 오후	ces jours-ci	요즘

○ 어휘 matin n.m 아침 | soir n.m 저녁 | après-midi n.m 오후 | semaine n.f 주 | année n.f 해, 년(年) | jour n.m 일, 하루, 날

처음 회화

Ces jours-ci, tu fais quoi ?
요즘 뭐 해?

Je mange et je dors.
먹고 자고 해.

Quiz 제시된 표현을 완성해 보세요.

1. 이 책 → _____ livre

2. 이 사람들 → _____ gens

3. 오늘 오후 → _____ après-midi

정답 1. ce | 2. ces | 3. cet

Leçon 047 '이, 그, 저' 극강의 효율! ce, cette, ces

Leçon 048 — 지시 대명사

만능 대명사~ 너무 좋잖아!
지시 대명사!

오늘의 체크 포인트

↳ '이것, 그것, 저것'을 뜻하는 프랑스어 지시 대명사를 알아봐요.
↳ 지시 대명사를 사용한 표현들을 살펴봐요.
↳ 지시 대명사가 포함된 표현들을 직접 생생하게 말해봐요.

❶ 이것만은 알고 가자!

- 프랑스어 지시 대명사도 만능!
- 지시 대명사는 명사를 대신할 수 있으며 상황에 따라 '이것, 저것, 그것'으로 표현할 수 있어요.

❷ 지시 대명사

ce	ceci / cela	ça
이것, 저것, 그것	이것 / 저것	이것 / 저것 / 그것

① ce : 이것, 저것, 그것

- 지시 형용사 ce와 형태는 같지만, 쓰임이 달라요! ce가 지시 대명사일 때는 être 동사의 주어로 사용해요.

> C'est un jardin.   이것은 정원이야.
> Ce sont des tables.   이것들은 책상이야.

✚ TIP ce와 est가 만나서 c'로 축약되었어요!

② ceci / cela : 이것 / 저것

- ceci, cela 두 개를 함께 사용하면 비교의 뉘앙스를 가지게 돼요.

> Ceci est petit et cela est grand.   이것은 작고, 저것은 크다.

③ ça : 이것 / 저것 / 그것

- ça는 cela 의 구어 표현이에요.

| C'est ça. | 바로 그거야. | Ça marche. | 된다. / 가능하다. |

❸ 지시 대명사 활용 표현

C'est bon ! - Cela ?	맛있다! - 이거?
Cela est génial !	그거 근사하다!
J'aime cela.	난 이게 좋아.
J'aime ça.	난 이게 좋아.
Ça y est.	다 됐어.
Ça suffit.	이제 그만해(충분해).

◎ 어휘 J'aime ~ 나는 ~를 좋아한다

 처음 회화

 **C'est fini ?**
끝났어?

 **Oui, ça y est !**
응, 다 끝났어!

Quiz 제시된 표현을 완성해 보세요.

1. 다 됐어. → _____ y est.

2. 나는 이게 좋아. → J'aime _____ / _____.

3. 바로 그거야. → C'est _____.

정답 1. Ça 2. ça / cela 3. ça

Leçon 048 만능 대명사~ 너무 좋잖아! 지시 대명사!

Leçon 049 — 소유 형용사

이건 내 피아노야.
프랑스어는 소유를 좋아해.

오늘의 체크 포인트

↳ '나의, 너의' 프랑스어 소유 형용사를 알아봐요.
↳ 소유 형용사를 사용한 표현들을 살펴봐요.
↳ 소유 형용사가 포함된 표현들을 직접 생생하게 말해봐요.

❶ 이것만은 알고 가자!

① **프랑스어는 소유를 좋아해.**
- 소유 형용사는 '나의, 너의, 그의' 등 소유를 나타내는 형용사예요.

② **소유 형용사는 명사 앞에!**
- 소유 형용사는 명사 앞에 위치하며, 꾸며주는 명사가 단수인지, 복수인지, 남성명사인지, 여성명사인지에 따라 모양이 달라져요.

❷ 소유 형용사

	남성 단수	여성 단수	복수
나의	mon	ma	mes
너의	ton	ta	tes
그(녀)의	son	sa	ses
우리의	notre	notre	nos
당신(들)의	votre	votre	vos
그(녀)들의	leur	leur	leurs

✪ **TIP** 모음이나 무성 h로 시작하는 여성 단수 명사 앞에서는 **mon, ton, son**으로 사용해요.

❸ 소유 형용사 활용 표현

mon piano	나의 피아노	ton opinion	너의 의견
ma voiture	나의 자동차	ta fille	너의 딸
mes yeux	나의 눈	tes cheveux	너의 머리카락

● 어휘 yeux n.m.pl 눈 | opinion n.f 의견 | cheveux n.m.pl 머리카락

son amie	그(녀)의 (여자인) 친구	notre école	우리의 학교
sa voiture	그(녀)의 자동차	votre histoire	당신의 이야기
ses efforts	그(녀)의 노력들	leur chanson	그들의 노래

● 어휘 amie n.f (여자인) 친구 | école n.f 학교 | histoire n.f 이야기 | effort n.m 노력, 수고 | chanson n.f 노래

처음 회화

C'est mon café ou ton café ?
이거 내 커피야, 네 커피야?

C'est mon café.
내 커피야.

Quiz 제시된 표현을 완성해 보세요.

1. 나의 눈 → _____ yeux

2. 너의 이야기 → _____ histoire

3. 그들의 부모님 → _____ parents

정답 1. mes | 2. ton | 3. leurs

Leçon 049 이건 내 피아노야. 프랑스어는 소유를 좋아해.

Leçon 050 — 소유 대명사

내 거는 내 거, 네 거도 내 거!
소유 대명사도 보고 가요~

오늘의 체크 포인트

↳ '나의 것, 너의 것' 프랑스어 소유 대명사를 알아봐요.
↳ 소유 대명사를 사용한 표현들을 살펴봐요.
↳ 소유 대명사가 포함된 표현들을 직접 생생하게 말해봐요.

❶ 이것만은 알고 가자!

- 소유 대명사는 사람도 대신한다!
- '나의 것, 너의 것, 그의 것' 등 '~의 것'을 나타내는 소유 대명사는 사물이나 사람을 대신할 수 있어요.

❷ 소유 대명사

	남성 단수	여성 단수	남성 복수	여성 복수
나의 것	le mien	la mienne	les miens	les miennes
너의 것	le tien	la tienne	les tiens	les tiennes
그(녀)의 것	le sien	la sienne	les siens	les siennes
우리의 것	le nôtre	la nôtre	les nôtres	
당신(들)의 것	le vôtre	la vôtre	les vôtres	
그(녀)들의 것	le leur	la leur	les leurs	

❸ 소유 대명사 활용 표현

C'est le mien.	내 거야.
Ce stylo, c'est le mien.	이 펜, 내 거야.

C'est la tienne ?	네 거야?
Cette voiture, c'est la tienne ?	이 자동차, 네 거야?
C'est son frère ?	이 분은 그의 형이니?
Oui, c'est le sien.	응, 그의 형이야.
Ce sont les tiens ?	이것들 네 거야?
Ces livres, ce sont les tiens ?	이 책들, 네 거야?
Ce sont les miennes.	그것들은 내 거야.
Ces filles, ce sont les miennes.	이 소녀들은 내 딸들이야.
C'est le nôtre.	이건 우리 거야.
Ce professeur, c'est le nôtre.	이 선생님은 우리 선생님이야.
C'est la vôtre.	당신 것입니다.
Cette médaille, c'est la vôtre.	이 메달은 당신 것입니다.
Ce sont les leurs ?	이것들은 그들의 것입니까?
Ces jouets, ce sont les leurs ?	이 장난감들은 그들의 것입니까?

 처음 회화

C'est ton sac ?
이거 네 가방이야?

Non, c'est le tien.
아니, 네 거잖아.

 제시된 문장을 완성해 보세요.

1. 이 자동차, 네 거니? → Cette voiture, c'est _____ ?

2. 이 펜들은 당신 건가요? → Ces stylos, ce sont _____ ?

정답 1. la tienne 2. les vôtres

Leçon 050 내 거는 내 거, 네 거도 내 거! 소유 대명사도 보고 가요~

Unité 8 종합 연습문제

A 다음 문제를 풀어 보세요.

1 다음 중 프랑스어 지시 형용사의 올바른 형태가 아닌 것은?

① ces amie
② cette voiture
③ cet hôtel
④ ce livre

2 다음 중 cet을 사용하는 경우가 아닌 것은?

① cet ami
② cet arbre
③ cet ordinateur
④ cet table

3 다음 중 지시 대명사의 올바른 형태가 아닌 것은?

① ce
② ceci
③ cet
④ ça

4 '이 책은 내 것이야.'라는 문장을 올바르게 표현한 것은?

① Ce livre est le mien.
② C'est mon livre.
③ Ce livre c'est le mien.
④ 모두 맞음

5 다음 중 소유 대명사가 올바르게 사용되지 않은 문장은?

① Ce livre est le tien.
② C'est la sienne.
③ C'est ma.
④ Ce sont les miens.

6 아래 문장을 프랑스어로 옳게 바꾼 것은?

이 가방은 내 거야.

① Le sac moi est.
② Ce sac est le mien.
③ Mon sac est le tien.
④ Un sac est le mien.

B 제시된 표현 또는 문장에 맞게 빈칸을 채워 보세요.

1 이 사과들
→ _____ pommes

2 바로 그거야!
→ C'est _____ !

3 너의 아버지
→ _____ père

4 그들의 자동차
→ _____ voiture

5 이 연필은 내 거야.
→ Ce crayon est _____ .

6 이 펜들은 당신 건가요?
→ Ces stylos, ce sont _____ ?

처음 Talk talk!

프랑스어 기초 회화 표현을 큰 소리로 읽으면서 연습해 보세요!

Ces jours-ci, tu fais quoi ?
요즘 뭐 해?

C'est fini ?
끝났어?

Oui, ça y est !
응, 다 끝났어!

C'est mon café.
이거 내 커피야.

C'est ton sac ?
이거 네 가방이야?

C'est le tien.
이거 네 거야.

Unité 09

프랑스어의 또 다른 기본 동사, avoir

무료 MP3 바로 듣기

avoir 동사의 동사변화

Leçon 051 주어들이 avoir 동사를 만나면?

오늘의 체크 포인트

↳ 프랑스어의 필수 동사! avoir 동사를 알아봐요.
↳ avoir 동사가 각각의 주어 인칭 대명사들을 만나 어떻게 변화하는지 알아봐요.
↳ avoir 동사로 간단한 문장을 만들어 봐요.

❶ 이것만은 알고 가자!

• 프랑스어 문장 구성?
- 프랑스어 기본 문장은 영어와 같아요.

| 주어 | + | 동사 | + | 목적어 |

❷ avoir 동사

avoir 는 '~를 가지고 있다'라는 뜻을 가진 프랑스어 필수 동사 중 하나예요. 영어의 have 동사에 해당해요!

avoir ~를 가지고 있다	J'ai	나는 ~를 가지고 있다
	Tu as	너는 ~를 가지고 있다
	Il / Elle / On a	그/그녀/우리는 ~를 가지고 있다
	Nous avons	우리는 ~를 가지고 있다
	Vous avez	당신(들)/너희들은 ~를 가지고 있다
	Ils / Elles ont	그들/그녀들은 ~를 가지고 있다

✪ TIP 주어 인칭 대명사와 동사 사이는 항상, 반드시 연음합니다!

J'ai un livre.	나는 책 한 권을 가지고 있다.
Tu as une voiture.	너는 차를 한 대 가지고 있구나.

Il a un ordinateur.	그는 컴퓨터를 한 대 가지고 있다.
Elle a une idée.	그녀는 아이디어가 있다.

Nous avons un appartement.	우리는 아파트를 가지고 있다.
Vous avez des papiers.	당신은 서류들이 있군요.

Ils ont un rêve.	그들은 꿈이 있다.
Elles ont des enfants.	그녀들은 아이들이 있다.

○ 어휘 rêve n.m 꿈

 처음 회화

 **Tu as un stylo ?**
너 펜 있어?

 **Non, je n'ai pas de stylo.**
아니, 펜 없어.

Quiz avoir 동사를 주어 인칭 대명사에 맞춰 변화시켜 보세요.

1. J'_____ 2. Il _____ 3. Nous _____

정답 1. ai 2. a 3. avons

Leçon 051 주어들이 avoir 동사를 만나면? 153

avoir 동사를 활용한 다양한 문장

Leçon 052
나 검은 고양이 있다~

오늘의 체크 포인트

↳ avoir 동사의 기본 뜻으로 문장을 만들어봐요.
↳ 지난 시간에 배운 문장에 형용사 하나만 추가해서 읽어봐요.
↳ avoir 동사와 다양한 형용사를 활용한 문장에 익숙해져봐요.

❶ avoir 동사 기본 활용

| avoir | + | 목적어 |

avoir 뒤에 직접 명사가 와서 '~을 가지고 있다'는 의미를 만들어요. 아래 예문을 살펴 보세요.

J'ai① un chat noir②

① J'ai : 나는 ~를 가지고 있다.
② un chat noir : 검은 고양이

❷ avoir 동사 활용하기

J'ai un livre vert.   나는 초록색 책을 한 권 가지고 있다.
Tu as une voiture coréenne.   너는 한국 차를 한 대 가지고 있구나.

◎ 어휘 coréenne (여성형) 한국의

Il a un petit ordinateur.   그는 작은 컴퓨터 한 대를 가지고 있다.
Elle a une bonne idée.   그녀는 좋은 아이디어가 있다.

◎ TIP petit(e), bon(ne)은 명사의 앞에서 꾸며줘요!

Nous avons un appartement parisien. 우리는 파리의 아파트를 가지고 있다.
Vous avez beaucoup de papiers. 당신은 많은 서류가 있군요.

● 어휘 beaucoup de 많은

Ils ont un beau rêve. 그들은 멋진 꿈이 있다.
Elles ont trois enfants. 그녀들은 세 명의 아이들이 있다.

● TIP beau는 명사의 앞에서 꾸며줘요! 그리고 숫자는 항상 명사 앞에 와요.

J'ai une montre brune. 나는 갈색 시계를 가지고 있다.
Elle a de longs cheveux. 그녀는 긴 머리카락을 가지고 있다.
Vous avez de beaux yeux. 당신은 아름다운 눈을 가지고 있군요.

● 어휘 montre n.f 손목시계 | brun(e) 갈색의 | long 긴 | cheveux n.m.pl 머리카락 | yeux n.m.pl 눈

처음 회화

 J'ai un stylo noir.
나 검정색 펜 있어.

 Ah bon ? Moi, j'ai un stylo rouge.
그래? 나는 빨간색 펜 있어.

Quiz 1 '당신은 좋은 아이디어가 있군요.' 문장을 완성해 보세요.

→ Vous _____ une _____ idée.

Quiz 2 '너는 멋진 꿈이 있구나.' 문장을 완성해 보세요.

→ Tu _____ un _____.

정답 1. avez, bonne | 2. as, beau rêve

Leçon 053 — avoir 동사를 활용한 다양한 의문문

물 있어요?

오늘의 체크 포인트

↳ avoir 동사를 사용해 의문문을 만들어봐요.
↳ 3가지 의문문의 형태를 다양하게 활용해봐요.

❶ 이것만은 알고 가자!

- 의문문을 복습해 봐요!

- Leçon 031에서 의문문을 만드는 세 가지 방법을 배웠어요. 다시 한 번 복습해 봐요.

Tu es coréen. 너는 한국인이야.	억양 의문문	Tu es coréen↗?
	도치 의문문	Es-tu coréen ?
	Est-ce que 의문문	Est-ce que tu es coréen ?

❷ avoir 동사로 의문문 만들기

① 억양 의문문

Vous avez du wifi ?	와이파이 있나요?
Tu as des ciseaux ?	가위 있니?

➕ 어휘 wifi n.m 와이파이 | ciseaux n.m.pl 가위

② 도치 의문문

Avez-vous du coca ?	콜라 있나요?
As-tu une fourchette ?	포크 있니?
Ont-elles une boutique ?	그녀들은 가게를 가지고 있나요?

➕ 어휘 coca n.m 콜라 | fourchette n.f 포크 | boutique n.f 가게

Il a, elle a는 도치 의문문에서 발음을 편하게 하기 위해 **t가 추가**돼요. 이때 t 앞뒤로는 하이픈(-)을 넣어 주어야 해요!

| A-t-il sa chambre ? | 그는 자기 방이 있나요? |

○ 어휘 chambre n.f 방

③ Est-ce que 의문문

Est-ce que vous avez des enfants ?	아이 있으세요?
Est-ce qu'il a une petite amie ?	그는 여자친구가 있나요?
Est-ce qu'elles ont des jouets ?	그녀들은 장난감을 가지고 있나요?

○ 어휘 enfant n.m 아이, 어린이 | petite amie n.f 여자친구 | jouet n.m 장난감

처음 회화

Avez-vous une voiture ?
자동차 있으세요?

C'est ma voiture !
이게 내 차예요!

Quiz 제시된 표현을 완성해 보세요.

1. 콜라 있나요? → Vous _____ du _____ ?

2. 가위 있니? → _____-tu des _____ ?

정답 1. avez, coca | 2. As, ciseaux

Leçon 053 물 있어요? **157**

Leçon 054

avoir 동사로 나이 말하기

나는 서른 살이야.

오늘의 체크 포인트

↳ avoir 동사를 사용해 나이를 말해봐요.
↳ 다양한 주어와 함께 나이를 표현해봐요.
↳ 연음에 주의하며 발음해봐요.
↳ 자신의 나이를 프랑스어로 말해봐요.

❶ avoir 동사로 나이 표현하기

| avoir | + | 숫자 | + | an(s) (몇) 살 |

프랑스어에서는 나이를 말할 때 être 대신 avoir를 써요. 아래 예문을 살펴 보세요.

①J'ai 30 ans②

① J'ai : 나는 ~를 가지고 있다.
② 30 ans : 30살

❷ avoir 동사로 나이 말하기

J'ai 25vingt-cinq ans.	나는 25살이다.
As-tu 20vingt ans ?	너는 스무 살이니?
Il a 40quarante ans.	그는 40살이다.
On a 35trente-cinq ans.	우리는 35살이다.
Avez-vous 46quarante-six ans ?	당신은 46세인가요?
Elles ont 51cinquante et un ans.	그녀들은 51세다.

❸ 나이 묻기

나이를 물어볼 때는 'quel 몇'이라는 의문사를 활용해서 말할 수 있어요. 'quel âge'는 직역하면 '어떤 나이'라는 뜻이지만, 실제 의미는 '몇 살'이에요. 그래서 avoir 동사와 함께 '너는 몇 살을 가지고 있니?'라는 형태로 나이를 묻는 거예요.

Tu as quel âge ?	너 몇 살이야?
Vous avez quel âge ?	몇 살이세요?
Il a quel âge ?	그는 몇 살이에요?

 처음 회화

 **Elle a quel âge ?**
그녀는 몇 살이야?

 **Elle a 30 ans.**
그녀는 30살이야.

 Quiz 1 '나는 21살입니다.'라고 말해 보세요.

→

 Quiz 2 '그녀는 30살입니다.'라고 말해 보세요.

→

 Quiz 3 여러분의 나이를 말해 보세요.

→

정답 1. J'ai vingt et un ans. | 2. Elle a trente ans. | 3. J'ai ___ ans.

Leçon 055 — avoir 동사로 상태 표현하기

배고프고, 졸리고, 추워..

오늘의 체크 포인트

- avoir 동사를 사용해 신체 상태를 표현해봐요.
- 실제 그 상태인 것처럼 생생하게 말해봐요.
- 현재 나의 상태를 직접 말해봐요.

❶ avoir 동사로 신체 상태 표현하기

신체 상태를 말할 때는 avoir 동사를 사용해요. 이 때는 관사를 사용하지 않아요!

① J'ai faim ②

① J'ai : 나는 ~를 가지고 있다.
② faim : 배고픔

❷ avoir 동사로 신체 상태 말하기

faim	배고픔	soif	목마름, 갈증
sommeil	졸음	mal	아픔
froid	추위	chaud	더위

J'ai faim.	나는 배고프다.
J'ai soif.	나는 목마르다.
J'ai sommeil.	나는 졸리다.
J'ai froid.	나는 춥다.
J'ai chaud.	나는 덥다.
J'ai peur.	나는 두렵다.
J'ai mal.	나는 아프다.

Tu as faim. 너는 배고프구나.
Il a mal. 그는 아프다.
Vous avez froid. 당신은 추우시군요.

부사 très를 사용하면 상태를 더 강조할 수 있어요.

Elle a très chaud. 그녀는 아주 덥다.
Ils ont très soif. 그들은 아주 목이 마르다.

 처음 회화

J'ai trop faim !
나 너무 배고파!

Moi aussi ! On va manger !
나도! 밥 먹자!

 Quiz 1 '나는 배고프다.'를 프랑스어로 말해 보세요.

→

 Quiz 2 '너 졸리구나.'를 프랑스어로 말해 보세요.

→

 Quiz 3 '당신은 추우시군요.'를 프랑스어로 말해 보세요.

→

정답 1. J'ai faim. | 2. Tu as sommeil. | 3. Vous avez froid.

Leçon 055 배고프고, 졸리고, 추워.. **161**

Leçon 056

"~이 있다"를 말하는 Il y a 표현

에펠탑이 있어.

오늘의 체크 포인트

- avoir 동사의 대표적인 구문 Il y a 표현을 알아봐요.
- Il y a 표현을 사용해 다양한 문장을 말해봐요.
- 내 주변에 무엇이 있는지 Il y a 를 사용해 직접 말해봐요.

❶ 이것만은 알고 가자!

• Il y a 표현

- Il y a는 프랑스어에서 매우 자주 쓰이는 표현으로, 영어의 'There is / There are'에 해당해요. 어떤 것이 '어떤 장소에 있다', 또는 '어떤 것이 존재한다'는 의미를 나타낼 때 사용해요. 참고로 이때의 il은, 시간 표현에서와 마찬가지로 비인칭 주어입니다!

❷ Il y a + 명사

| Il y a | + | 명사 |

Il y a 뒤에 명사를 넣어주면, '~가 있다' 라고 말할 수 있어요. Il y a 뒤의 명사는 사물, 사람 모두 쓸 수 있어요.

❸ Il y a + 명사 활용하기

Il y a un livre.	책이 한 권 있다.
Il y a une table.	책상이 하나 있다.
Il y a des garçons.	소년들이 있다.

Il y a des filles.	소녀들이 있다.
Il y a un problème.	문제가 있다.
Il y a une solution.	해결책이 있다.
Il y a le Louvre.	루브르 박물관이 있다.
Il y a la Tour Eiffel.	에펠탑이 있다.
Il y a mon frère.	내 남동생이 있다.
Il y a Camille.	Camille가 있다.

◎ 어휘 problème n.m 문제 | solution n.f 해결책 | le Louvre n.m 루브르 박물관 | la Tour Eiffel n.f 에펠탑 | frère 형, 오빠, 남동생

Est-ce qu'il y a des fruits dans le frigo ?
냉장고에 과일 있어?

Oui, il y a des pommes.
응, 사과가 있어.

Quiz 1 '에펠탑이 있다.'를 프랑스어로 말해 보세요.

→ _____ la Tour Eiffel.

Quiz 2 '해결책이 있다.'를 프랑스어로 말해 보세요.

→ _____ une _____ .

정답 1. Il y a 2. Il y a, solution.

Leçon 057

Il y a 표현과 장소 전치사

침대 밑에 고양이 한 마리가 있어.

오늘의 체크 포인트

↳ 장소를 구체적으로 말할 수 있는 전치사에 대해 알아봐요.
↳ 다양한 전치사들을 Il y a 표현과 함께 말해봐요.
↳ 문장들을 생생하게 발음해봐요.

❶ 이것만은 알고 가자!

- **전치사란?**
- 전치사는 일반적으로 명사 앞에 놓이며, 위치, 관계 등을 나타내는 단어예요. 전치사 뒤에는 주어 인칭 대명사가 아니라 강세형 인칭 대명사가 와요!

❷ 전치사 및 전치사 활용

à	~에	dans	~안에
sur	~위에	sous	~아래에
à côté de	~옆에	entre	~사이에

✚ **TIP** à는 주로 장소, 방향, 시각을 나타내요. dans는 영어의 in과 유사하며, 주로 à보다 작고 좁은 장소 앞에 써요.

Il y a la Tour Eiffel à Paris.	파리에는 에펠탑이 있다.
Il y a la clé dans le sac.	가방 안에 열쇠가 있다.
Il y a un livre sur la table.	책상 위에 책이 한 권 있다.
Il y a un chat sous le lit.	침대 밑에 고양이 한 마리가 있다.
Il y a un garçon à côté de Marie.	Marie 옆에 한 소년이 있다.
Il y a une voiture entre les maisons.	집들 사이에 자동차 한 대가 있다.

❂ 어휘 lit n.m 침대

질문할 때 사용하는 표현도 함께 살펴봐요.

Qu'est-ce qu'il y a à Paris ?	파리에는 **무엇이** 있나요?
Qu'est-ce qu'il y a dans le sac ?	가방에는 **무엇이** 있나요?

처음 회화

 **Qu'est-ce qu'il y a dans le four ?**
오븐 안에 뭐가 있어?

 **Zut ! J'ai oublié le gâteau !**
이런! 케이크를 깜빡했어!

Quiz 1 '가방 안에 책이 한 권 있다.'를 프랑스어로 말해 보세요.

→ Il y a un livre _____ le sac.

Quiz 2 '침대 밑에 열쇠가 있다.'를 프랑스어로 말해 보세요.

→ _____ la clé _____ le lit.

Quiz 3 'Jean 옆에 한 소년이 있다.'를 프랑스어로 말해 보세요.

→ _____ Jean.

정답 1. dans 2. Il y a, sous 3. Il y a un garçon à côté de

Leçon 057 침대 밑에 고양이 한 마리가 있어.

Unité 9 종합 연습문제

A 다음 문제를 풀어 보세요.

1 나이를 말할 때 사용하는 동사는?

① être
② avoir
③ aller
④ faire

4 다음 중 '당신은 추우시군요.'를 올바르게 표현한 문장은?

① Vous avez sommeil.
② Vous avez froid.
③ Vous avez faim.
④ Vous avez chaud.

2 다음 중 '나 배고프다'를 올바르게 표현한 문장은?

① J'ai sommeil.
② J'ai froid.
③ J'ai faim.
④ J'ai chaud.

5 다음 중 '책상이 하나 있어.'를 올바르게 표현한 문장은?

① Il y a une table.
② Il y a un table.
③ Il a une table.
④ Il a un table.

3 아래 문장을 올바르게 표현한 문장은?

나는 30살입니다.

① Je suis trente ans.
② J'ai ans trente.
③ J'ai trente ans.
④ Je ai trente ans.

6 아래 문장을 올바르게 표현한 문장은?

침대 밑에 열쇠가 있다.

① Il y a une clé sur le lit.
② Il y a une clé sous le lit.
③ Il y a une clé entre le lit.
④ Il y a une clé dans le lit.

B 제시된 문장에 맞게 빈칸을 채워 보세요.

1 나는 20살이다.
→ _____ vingt ans.

2 그녀는 더워.
→ Elle _____ chaud.

3 우리는 추워요.
→ _____ froid.

4 당신은 행운이 있어요.
→ _____ de la chance.

5 그들은 너를 필요로 해.
→ Ils _____ besoin de toi.

6 집들 사이에 자동차가 있어.
→ _____ une voiture _____ les maisons.

무료 동영상 바로 보기

프랑스어 기초 회화 표현을 큰 소리로 읽으면서 연습해 보세요!

Tu as un stylo ?
너 펜 있어?

Ah bon ?
그래?

C'est ma voiture !
이게 내 차예요!

Elle a quel âge ?
그녀는 몇 살이야?

J'ai trop faim !
나 너무 배고파!

Moi aussi ! On va manger !
나도! 밥 먹자!

Unité 10

프랑스어의 꽃, 동사

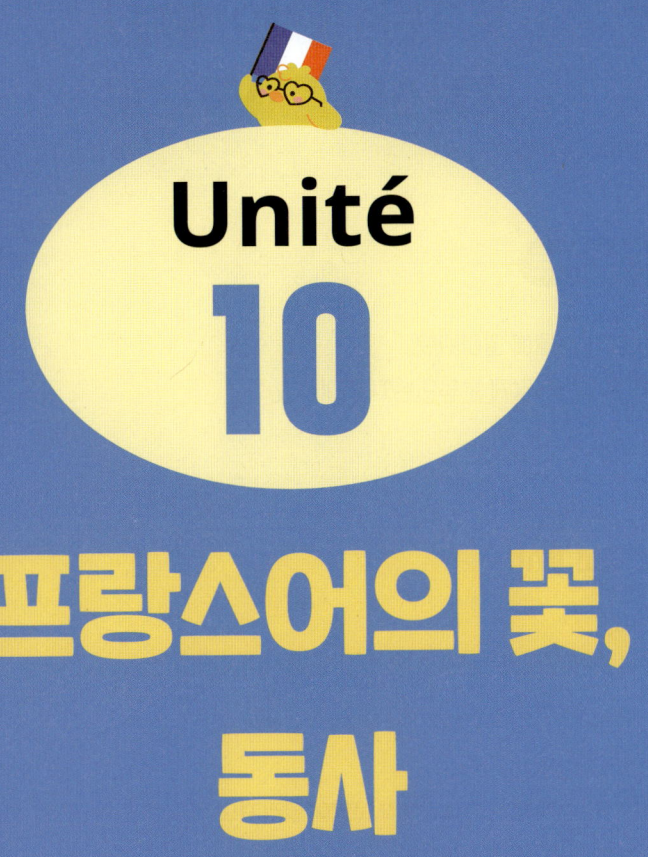

무료 MP3 바로 듣기

Leçon 058 — 프랑스어 동사의 분류, 동사 맛보기

동사란? 동사의 분류 / 프랑스어 동사 맛보기!

오늘의 체크 포인트

↳ 프랑스어 동사에 대해 알아봐요.
↳ 프랑스어 동사는 어떻게 분류되는지 알아봐요.

❶ 이것만은 알고 가자!

① **동사**란?
- 사람이나 사물의 동작(움직임)을 나타내는 단어를 **동사**라고 해요.

② 프랑스어 동사의 **특징**?
- 프랑스어 동사는 주어에 따라, 시제에 따라 모양이 달라져요.

❷ 프랑스어 동사의 분류

동사	규칙동사	1군 동사	er 로 끝나고, 규칙적으로 변화해요.
		2군 동사	ir 로 끝나고, 규칙적으로 변화해요.
	불규칙 동사	3군 동사	불규칙하게 변화해요.

1군 동사 : -er			
aimer	좋아하다	manger	먹다

J'aime Paris. 나는 파리를 좋아한다.
Je mange une pomme. 나는 사과를 먹는다.

170 주미에르의 처음 프랑스어

2군 동사 : -ir			
finir	끝내다, 끝나다	choisir	선택하다

Je finis mon travail. 나는 내 일을 끝낸다.
Je choisis mon vêtement. 나는 내 옷을 고른다.

3군 동사 : 불규칙			
prendre	타다, 잡다	vouloir	원하다

Je prends le bus. 나는 버스를 탄다.
Je veux du café. 나는 커피를 원한다.

처음 회화

 **Je veux aller à Paris.**
나 파리에 가고 싶어.

 **Mais on a de l'argent ?**
근데 우리 돈 있나?

Quiz 아래 문장을 직접 발음해 보고, 해석해 보세요.

1. J'aime Paris.

2. Je finis mon travail.

3. Je prends le bus.

정답 1. 나는 파리를 좋아한다. 2. 나는 내 일을 끝낸다. 3. 나는 버스를 탄다.

Leçon 059

1군 규칙 동사

본격적인 프랑스어! 환영합니다. 1군 동사!

오늘의 체크 포인트

↘ 프랑스어의 꽃은 동사! 본격적으로 다양한 동사들을 알아봐요.
↘ 1군 동사에는 어떤 동사들이 있는지 알아봐요.
↘ 1군 동사를 활용해 문장을 만들어봐요.

❶ 이것만은 알고 가자!

- **1군 동사**
  - 프랑스어 1군 동사는 er로 끝나고, 규칙적으로 변화해요.

❷ 1군 동사의 동사 변화

aimer 좋아하다	J'	aime	Nous	aimons
	Tu	aimes	Vous	aimez
	Il / Elle / On	aime	Ils / Elles	aiment

✪ TIP 주어 인칭 대명사와 동사 사이는 항상, 반드시 연음합니다!

aimer 동사 다음에는 항상 정관사를 써요!

J'aime le café.	나는 커피를 좋아한다.
Tu aimes le thé.	너는 차를 좋아한다.
Il aime le thé.	그는 차를 좋아한다.
Nous aimons le café.	우리는 커피를 좋아한다.
Vous aimez le café.	당신은 커피를 좋아한다.
Ils aiment le café.	그들은 커피를 좋아한다.
En France, on aime le fromage.	프랑스에서는, 사람들이 치즈를 좋아한다.

étudier 공부하다	J'	étudie	Nous	étudions
	Tu	étudies	Vous	étudiez
	Il / Elle / On	étudie	Ils / Elles	étudient

J'étudie le français.　　　　나는 프랑스어를 공부한다.
Tu étudies le français.　　　너는 프랑스어를 공부한다.
Elle étudie le français.　　　그녀는 프랑스어를 공부한다.
On étudie le français.　　　우리는 프랑스어를 공부한다.
Nous étudions le français.　우리는 프랑스어를 공부한다.
Vous étudiez le français.　　너희는 프랑스어를 공부한다.
Elles étudient le français.　그녀들은 프랑스어를 공부한다.

◎ 어휘 français n.m 프랑스어

Tu aimes la pizza ?
너 피자 좋아해?

Bien sûr ! Qui ne l'aime pas ?
당연하지! 누가 안 좋아하겠어?

 아래 문장을 직접 발음해 보고, 해석해 보세요.

→ Tu aimes le café ?

 아래 문장을 직접 발음해 보고, 해석해 보세요.

→ Nous étudions le français.

정답 1. 너 커피 좋아해? / 2. 우리는 프랑스어를 공부한다.

Leçon 059 본격적인 프랑스어! 환영합니다. 1군 동사!

Leçon 060 · 1군 변칙 동사

특별하게 바뀌는 1군 동사가 있다?!

오늘의 체크 포인트

↳ 지난 시간에 배운 1군 동사 변화 규칙을 복습해 봐요.
↳ 조금 다르게 바뀌는 특별한 1군 동사들을 학습해 봐요.
↳ 1군 동사를 활용한 문장들을 발음해 봐요.

❶ 이것만은 알고 가자!

• 특별하게 바뀌는 1군 동사가 있다?!
- 1군 동사는 주어에 따라 모양이 규칙적으로 변화하지만, 때로 발음을 편하게 하기 위해 약간의 '변칙'이 존재해요.

❷ 1군 동사의 동사 변화 : 변칙 1

manger 먹다	Je	mange	Nous	mangeons
	Tu	manges	Vous	mangez
	Il / Elle / On	mange	Ils / Elles	mangent

-ger로 끝나는 1군 동사는 Nous와 함께 쓸 때는 '-eons' 형태가 되요.

Je mange une orange.	나는 오렌지를 먹는다.
Nous mangeons une orange.	우리는 오렌지를 먹는다.
Tu manges du pain.	너는 빵을 먹는다.
Nous mangeons du pain.	우리는 빵을 먹는다.

✪ 어휘 orange n.f 오렌지 | pain n.m 빵

❸ 1군 동사의 동사 변화 : 변칙 2

commencer 시작하다	Je	commence	Nous	commen**ç**ons
	Tu	commences	Vous	commencez
	Il / Elle / On	commence	Ils / Elles	commencent

-cer로 끝나는 1군 동사는 Nous와 함께 쓸 때는 '-**ç**ons' 형태가 돼요.

Je commence le français. 나는 프랑스어를 시작한다.
Nous commençons le français. 우리는 프랑스어를 시작한다.
Elle commence le travail. 그녀는 일을 시작한다.
Nous commençons le travail. 우리는 일을 시작한다.
Vous commencez le travail. 당신은 일을 시작한다.

 처음 회화

Tu manges quoi ?
너 뭐 먹어?

Euh... ton sandwich.
어… 네 샌드위치.

Quiz 1 '우리는 빵을 먹는다.' 문장을 완성해 보세요.

→ Nous _____ du pain.

Quiz 2 '우리는 일을 시작한다.' 문장을 완성해 보세요.

→ Nous _____ le travail.

정답 1. mangeons | 2. commençons

Leçon 060 특별하게 바뀌는 1군 동사가 있다?!

2군 규칙 동사

Leçon 061

2군 동사는 이런 규칙이 있어요.

오늘의 체크 포인트

- 2군 동사에는 어떤 동사들이 있는지 알아봐요.
- 2군 동사는 어떻게 변화하는지 알아봐요.
- 2군 동사를 활용한 문장들을 발음해봐요.

❶ 이것만은 알고 가자!

- **2군 동사**
- 프랑스어 2군 동사는 ir로 끝나고, 규칙적으로 변화해요.

❷ 2군 동사의 동사 변화

fin**ir** 끝내다	Je	fin**is**	Nous	fin**issons**
	Tu	fin**is**	Vous	fin**issez**
	Il / Elle / On	fin**it**	Ils / Elles	fin**issent**

Je finis ce jeu.   나는 이 게임을 끝낸다.
Nous finissons ce jeu.   우리는 이 게임을 끝낸다.

○ 어휘 jeu n.m 게임

chois**ir** 선택하다	Je	chois**is**	Nous	chois**issons**
	Tu	chois**is**	Vous	chois**issez**
	Il / Elle / On	chois**it**	Ils / Elles	chois**issent**

Je choisis un cadeau.
Vous choisissez un cadeau.

나는 선물을 선택한다(고른다).
당신은 선물을 선택한다(고른다).

○ 어휘 cadeau n.m 선물

réussir 성공하다, 합격하다	Je	réussis	Nous	réussissons
	Tu	réussis	Vous	réussissez
	Il / Elle / On	réussit	Ils / Elles	réussissent

Je réussis.
Ils réussissent un examen.

나는 성공한다.
그들은 시험에 합격한다.

○ 어휘 examen n.m 시험

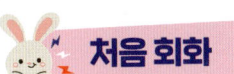

Tu finis quand ?
너 언제 끝나?

Dans 5 minutes.
5분 뒤에.

 choisir 동사를 활용해 '나는 선물을 고른다.'를 말해 보세요.

→

 réussir 동사를 활용해 '그녀는 성공한다.'를 말해 보세요.

→

정답 1. Je choisis un cadeau. | 2. Elle réussit.

Leçon 061 2군 동사는 이런 규칙이 있어요. **177**

Leçon 062

2군 동사와 친해지는 시간~

오늘의 체크 포인트

↳ 지난 시간에 배운 2군 동사들로 문장을 만들어봐요.
↳ 2군 동사를 사용한 문장들을 직접 발음해봐요.

❶ 이것만 알고 가자!

· 2군 동사는?
- Je, Tu, Il/Elle/On 과 함께 쓸 때 동사의 발음이 똑같아요!

❷ 2군 동사 활용하기

① finir 동사 : 끝내다

Je finis ce jeu aujourd'hui.	나는 오늘 이 게임을 끝낸다.
Tu finis ce jeu aujourd'hui ?	너는 오늘 이 게임을 끝내니?
Il finit le travail aujourd'hui.	그는 오늘 일을 끝낸다.
Nous finissons le travail aujourd'hui.	우리는 오늘 일을 끝낸다.
Vous finissez la réunion ?	당신은 회의를 끝내시나요?
Ils finissent la réunion à 2 h ?	그들은 2시에 회의를 끝내나요?

◎ 어휘 aujourd'hui 오늘

◎ TIP 시간을 나타내는 heure(s)는 h 로 줄여서 많이 써요!

② choisir 동사 : 선택하다

Je choisis un cadeau pour toi.	나는 너를 위한 선물을 고른다.
Tu choisis un cadeau pour moi ?	너는 나를 위한 선물을 고르니?

◎ 어휘 pour ~를 위해

◎ TIP 전치사 뒤에 사람이 오면 강세형 인칭 대명사로 씁니다!

Il choisit cela.	그는 이것을 선택한다.
Nous choisissons cela.	우리는 이것을 선택한다.
Vous choisissez ce livre ?	당신은 이 책을 고르시나요?
Ils choisissent ce grand livre.	그들은 이 큰 책을 고른다.

③ réussir 동사 : 성공하다, 합격하다

Je réussis l'examen.	나는 시험에 합격한다.
Tu réussis l'examen.	너는 시험에 합격한다.
Il réussit cet examen.	그는 이 시험에 합격한다.
Nous réussissons cet examen.	우리는 이 시험에 합격한다.
Vous réussissez le DELF.	당신은 DELF에 합격한다.
Ils réussissent le DELF.	그들은 DELF에 합격한다.

⭐ TIP 뒤에 모음이나 무성 h로 시작하는 남성 단수명사가 오면 지시 형용사 ce가 cet로 바뀌어요!

처음 회화

Tu choisis entre café ou thé ?
커피랑 티 중에서 고를래?

Café ! Toujours café.
커피! 항상 커피지.

Quiz 제시된 표현을 말해 보세요.

1. 나는 이것을 끝낸다. →

2. 나는 이 책을 선택한다. →

3. 너는 시험에 합격한다. →

정답 1. Je finis cela. 2. Je choisis ce livre. 3. Tu réussis l'examen.

Leçon 062 2군 동사와 친해지는 시간~ **179**

Leçon 063
3군 불규칙 동사
불규칙하지만 너무 중요한걸요, 3군 동사!

오늘의 체크 포인트

↳ 3군 동사에는 어떤 동사들이 있는지 알아봐요.
↳ 3군 동사는 어떻게 변화하는지 알아봐요.
↳ 3군 동사를 활용한 문장들을 발음해봐요.

❶ 이것만은 알고 가자!

• **3군 동사**
- 프랑스어 3군 동사는 주로 -re, -oir, -ir로 끝나며 동사마다 변화 형태가 달라요.

❷ 3군 동사의 동사 변화

prendre 타다, 잡다	Je	prends	Nous	prenons
	Tu	prends	Vous	prenez
	Il / Elle / On	prend	Ils / Elles	prennent

Je prends le métro. 나는 지하철을 탄다.
Nous prenons le métro. 우리는 지하철을 탄다.

○ 어휘 métro n.m 지하철

savoir 알다	Je	sais	Nous	savons
	Tu	sais	Vous	savez
	Il / Elle / On	sait	Ils / Elles	savent

savoir 동사 뒤에는 명사뿐 아니라, 동사의 원형이 나올 수도 있답니다!

Je sais nager. 나는 수영할 줄 안다.
Il sait nager. 그는 수영할 줄 안다.

○ 어휘 nager 수영하다

lire 읽다	Je	lis	Nous	lisons
	Tu	lis	Vous	lisez
	Il / Elle / On	lit	Ils / Elles	lisent

Je lis un livre. 나는 책을 읽는다.
Ils lisent un livre 그들은 책을 읽는다.

처음 회화

Tu aimes lire ?
너 책 읽는거 좋아해?

Oui, surtout avant de dormir.
응, 특히 자기 전에.

Quiz 1 savoir 동사를 활용해 '그는 수영할 줄 안다.'를 말해 보세요.

→ Il _____ nager.

Quiz 2 lire 동사를 활용해 '너는 책을 읽는다.'를 말해 보세요.

→ Tu _____ un livre.

정답 1. sait | 2. lis

Leçon 063 불규칙하지만 너무 중요한걸요, 3군 동사!

Leçon 064
3군 동사 예문들
3군 동사와 친해지길 바라!

오늘의 체크 포인트

↳ 지난 시간에 배운 3군 동사들로 문장을 만들어봐요.
↳ 3군 동사를 사용한 문장들을 직접 발음해봐요.

❶ 3군 동사 활용하기

① prendre 동사 : 타다, 잡다

Je prends le métro tous les jours.	나는 매일 지하철을 탄다.
Tu prends le métro tous les jours ?	너는 매일 지하철을 타니?
Il prend le métro avec moi.	그는 나와 함께 지하철을 탄다.
Nous prenons le métro avec eux.	우리는 그들과 함께 지하철을 탄다.

➕ 어휘 tous les jours 매일 | avec ~와 함께
➕ TIP 전치사 뒤에 사람이 오면 강세형 인칭 대명사로 씁니다!

Vous prenez le bus ici ?	당신은 여기서 버스를 타나요?
Elles prennent le bus ici.	그녀들은 여기서 버스를 탄다.

➕ 어휘 bus n.m 버스 | ici 여기(에)

② savoir 동사 : 알다

Je ne sais pas.	나는 모른다.
Tu ne sais pas.	너는 모른다.
Il ne sait pas nager ?	그는 수영할 줄 모르니?

Nous ne savons pas ton adresse.　우리는 네 주소를 모른다.
Vous savez mon adresse ?　당신은 제 주소를 아세요?
Ils savent notre adresse.　그들은 우리의 주소를 안다.

✪TIP 모음이나 무성 h로 시작하는 여성명사 앞에서는 ma, ta, sa 대신 mon, ton, son !

③ lire 동사 : 읽다

Je lis un roman.　나는 소설을 읽는다.
Tu lis un roman.　너는 소설을 읽는다.
On lit un roman intéressant.　우리는 흥미로운 소설을 읽는다.
Nous lisons un roman intéressant.　우리는 흥미로운 소설을 읽는다.
Vous lisez un roman chez vous.　당신은 당신의 집에서 소설을 읽는다.
Elles lisent un roman chez elles.　그녀들은 그녀들의 집에서 소설을 읽는다.

처음 회화

Tu prends souvent des selfies ?
너 셀카 자주 찍어?

Oui, environ 100 fois par jour.
응, 하루에 100번 정도.

 **Quiz 1** savoir 동사를 활용해 '나는 모른다.'를 말해 보세요.
→

 **Quiz 2** lire 동사를 활용해 '그들은 그들의 집에서 소설을 읽는다.'를 말해 보세요.
→

정답 1. Je ne sais pas. | 2. Ils lisent un roman chez eux.

Leçon 064 3군 동사와 친해지길 바라! 183

Unité 10 종합 연습문제

A 다음 문제를 풀어 보세요.

1 프랑스어 동사의 기본적인 분류에 대한 설명으로 옳지 않은 것은?

① 1군 동사는 -er로 끝나고 규칙적으로 변화한다.
② 2군 동사는 -ir로 끝나고 규칙적으로 변화한다.
③ 3군 동사는 불규칙 동사이다.
④ 3군 동사는 항상 규칙적으로 변화한다.

2 다음 중 1군 동사 aimer(좋아하다)의 변형이 옳지 않은 문장은?

① Tu aime le thé.
② Nous aimons le café.
③ Elles aiment le chocolat.
④ Vous aimez le fromage.

3 다음 중 1군 동사 commencer(시작하다)의 변형이 올바른 문장은?

① Nous commencons le travail.
② Nous commençons le travail.
③ Nous commenceons le travail.
④ Nous commencions le travail.

4 다음 중 2군 동사 finir의 변형이 옳지 않은 문장은?

① Je finis le travail.
② Tu finis le travail.
③ Vous finissons le travail.
④ Ils finissent le travail.

5 다음 중 불규칙한 3군 동사에 속하는 것은?

① parler
② savoir
③ finir
④ choisir

6 다음 중 lire 동사의 활용이 잘못된 문장은?

① Je lis un livre.
② Tu lis un journal.
③ Nous lisons un roman.
④ Il lisent un livre.

B 제시된 문장에 맞게 빈칸을 채워 보세요.

1 나는 파리를 좋아해.

→ J' _____ Paris.

2 당신은 프랑스어를 공부하는군요.

→ Vous _____ le français.

3 우리는 사과를 먹어요.

→ Nous _____ une pomme.

4 나는 이 선물을 선택한다.

→ Je _____ ce cadeau.

5 그들은 회의를 끝낸다.

→ Ils _____ la réunion.

6 너는 그녀와 함께 지하철을 탄다.

→ Tu _____ le métro avec elle.

프랑스어 기초 회화 표현을 큰 소리로 읽으면서 연습해 보세요!

Je veux aller à Paris.
나 파리에 가고 싶어.

On a de l'argent ?
우리 돈 있나?

Bien sûr !
당연하지!

Tu manges quoi ?
너 뭐 먹어?

Tu finis quand ?
너 언제 끝나?

Tu aimes lire ?
너 책 읽는거 좋아해?

Unité 11

오락가락 동사들

무료 MP3 바로 듣기

Leçon 065

aller 동사의 동사변화

알레알레!!
파리에 가 보자, aller 동사

오늘의 체크 포인트

↳ 이동 동사 중 하나인 aller 동사를 알아봐요.
↳ aller 동사의 변화형을 반복해서 말해봐요.
↳ aller 동사를 도시들과 함께 사용해봐요.

❶ 이것만은 알고 가자!

① go ? aller ! 놀라지 마세요!

- aller 동사는 불규칙하게 변하는 3군 동사예요. 처음 보면 마구잡이로 변화한다는 느낌이 들 수 있지만, 절대 외우려고 하지 말고 반복해서 중얼거려봐요!

② 파리에 간다!

- Il y a ~ 문장과 함께 배웠던 전치사 à 기억나나요? '~에 간다'고 할 때의 '~에'도 à 를 사용해요!

❷ aller 동사의 동사 변화

aller 가다	Je	vais	Nous	allons
	Tu	vas	Vous	allez
	Il / Elle / On	va	Ils / Elles	vont

✚ TIP 주어 인칭 대명사와 동사 사이는 항상, 반드시 연음합니다!

❸ aller 동사 활용하기

aller à 뒤에 도시 이름을 넣어주면 그 도시에 간다고 말할 수 있어요. 단, 도시명 앞에는 관사를 쓰지 않아요!

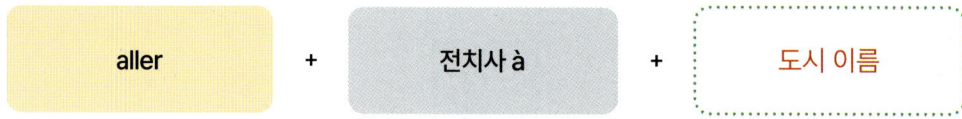

aller + 전치사 à + 도시 이름

Je vais à Paris.	나는 파리에 간다.
Tu vas à Paris.	너는 파리에 간다.
Il va à Séoul.	그는 서울에 간다.
Elle va à Séoul.	그녀는 서울에 간다.
On va à Séoul.	우리는 서울에 간다.
Nous allons à Nice.	우리는 니스에 간다.
Vous allez à Nice	당신은 니스에 간다.
Ils vont à Lyon.	그들은 리옹에 간다.
Elles vont à Lyon.	그녀들은 리옹에 간다.

처음 회화

On va au cinéma ce soir ?
우리 오늘 저녁에 영화관 갈까?

Oui, si tu paies.
응, 네가 계산하면.

*어휘 payer 계산하다, 지불하다

 aller 동사를 활용해 '나는 서울에 간다.'를 말해 보세요.

→

 aller 동사를 활용해 '우리는 리옹에 간다.'를 말해 보세요.

→

정답 1. Je vais à Séoul. | 2. Nous allons à Lyon.

Leçon 065 알레알레!! 파리에 가 보자, aller 동사

Leçon 066 의문사 où

어디 가는데~?

오늘의 체크 포인트

↳ 지난 시간에 배운 aller 동사로 의문문을 만들어 봐요.
↳ '어디'라는 의문사를 프랑스어로 말해봐요.
↳ 어디에 가는지 묻고, 대답해봐요.

❶ 이것만은 알고 가자!

- where ? où !
- '어디에'는 프랑스어로 où 라고 해요!

❷ aller 동사로 질문하기

aller 동사 뒤에 où 를 사용하면 '어디에 가?'라는 질문을 만들 수 있어요.

Tu vas où ?	너 어디에 가?
Nous allons où ?	우리 어디 가?
Vous allez où ?	당신은 어디에 가나요?

❸ aller 동사로 대답하기

① **aller à + 도시명**

- 지난 시간에 배운 것처럼, 전치사 à 뒤에 도시명을 붙여서 대답할 수 있어요. 도시명 앞에는 관사를 사용하지 않는다는 점, 잊지 마세요!

Tu vas où ?	⇨	Je vais à Paris.
너 어디에 가?		나는 파리에 가.

② **aller à + 일반 장소 명사**

- 도시명 말고 다른 일반 장소 명사를 활용해서도 대답할 수 있어요. 단, 일반 장소 명사 앞에는 관사도 함께 써 줘요! 다음 예시로 연습해 봐요.

Tu vas où ?	⇨	Je vais à la maison.
너 어디에 가?		나는 집에 가.

Il va où ?	⇨	Il va à la maison.
그는 어디에 가?		그는 집에 가.

Ils vont où ?	⇨	Ils vont à la maison.
그들은 어디에 가?		그들은 집에 가.

 처음 회화

 **On va où ?**
우리 어디 가?

 **Peu importe, comme tu veux.**
상관없어. 네가 원하는 대로.

 **Quiz 1** aller 동사를 활용해 '당신은 어디에 가세요?'를 말해 보세요.

→

 **Quiz 2** 'Vous allez où ?'라는 질문에 '저는 은행에 가요.'라고 프랑스어로 답해 보세요.

→

정답 1. Vous allez où ? 2. Je vais à la banque.

Leçon 067
전치사 à의 축약

à 와 정관사가 만나면?

오늘의 체크 포인트

- à와 정관사가 만나면 어떻게 변화하는지 알아봐요.
- < aller 동사 + à + 정관사 + 명사 >에 익숙해져 봐요.
- à + 정관사의 변화 형태를 직접 발음해봐요.

❶ 이것만은 알고 가자!

• **프랑스어는 축약을 좋아해!**

- Leçon 019에서 정관사 le, la, les를 배웠었죠? 이 정관사들은 전치사 à와 만나면 약간의 변화가 생겨요! 프랑스어는 발음의 자연스러움을 위해 이런 축약을 자주 사용해요!

❷ à + 정관사

전치사		정관사		축약형
		le		au
à	+	la	⇨	à la
		les		aux

✚ TIP 모음, 무성 h로 시작하는 명사가 오면? : à l'

아래 예시와 함께 축약형을 연습해 보세요.

à + le → au		à + la → 변화 없음	
à + le	cinéma	à la	maison
⇩		⇩	
au cinema 영화관에(서)		à la maison 집에(서)	

à + les → aux		à + l' → 변화 없음	
à + les	toilettes	à l'	école

⇩ ⇩

aux toilettes 화장실에(서)　　　**à l'école** 학교에(서)

❸ aller 동사와 à + 정관사 활용하기

Je vais au cinéma.　　　　나는 영화관에 간다.
Je vais à la maison.　　　　나는 집에 간다.
Je vais aux toilettes.　　　나는 화장실에 간다.
Je vais à l'école.　　　　　나는 학교에 간다.

🐰 처음 회화

Vous allez où ?
어디 가세요?

Je vais à la boulangerie.
빵집에요.

 '저는 영화관에 가요.' 문장을 완성해 보세요.

→ Je vais _____ cinéma.

 '저는 화장실에 가요.' 문장을 완성해 보세요.

→ Je _____ toilettes.

정답 1. au | 2. vais aux

Leçon 067 à 와 정관사가 만나면?　**193**

Leçon 068

전치사와 교통수단 함께 말하기

이거 타고 가! 교통수단과 함께 쓰는 전치사들!

오늘의 체크 포인트

↳ aller 동사를 인칭별로 활용해봐요.
↳ 교통수단과 함께 사용하는 다양한 전치사를 알아봐요.
↳ 전치사들과 교통수단을 함께 말해봐요.

❶ 이것만은 알고 가자!

① 전치사 + 교통수단

- 전치사는 명사 앞에 온다는 것 기억나죠? 교통수단과 같이 쓰는 전치사들도 '전치사 + 교통수단'의 순서로 써 주면 돼요.

② 프랑스어로 교통수단을 말할 땐?

- 프랑스어에서 교통수단을 말할 때, 전치사 'en' 또는 'à'를 사용해요.

❷ 교통수단 말하기

① à + 교통수단

- à 는 자전거, 오토바이처럼 직접 올라타는 교통수단과 함께 사용돼요. 또 직접 걸어서 가는 경우에도 à와 함께 사용해요.

à pied	걸어서	à vélo	자전거를 타고

Je vais à l'école à pied.   나는 걸어서 학교에 간다.
Tu vas à la banque à vélo.   너는 자전거를 타고 은행에 간다.

② en + 교통수단

- en 은 자동차, 기차, 비행기처럼 안에 타는 교통수단과 함께 사용돼요.

en bus	버스를 타고	en voiture	자동차를 타고
en train	기차를 타고	en métro	지하철을 타고
en avion	비행기를 타고	en bateau	배를 타고

Il va au cinéma en bus.	그는 버스를 타고 영화관에 간다.
On va à la maison en voiture.	우리는 차를 타고 집에 간다.
Nous allons à Paris en train.	우리는 기차를 타고 파리에 간다.
Vous allez à la Tour Eiffel en métro.	당신은 지하철을 타고 에펠탑에 간다.
Ils vont à Séoul en avion.	그들은 비행기를 타고 서울에 간다.
Elles vont au Japon en bateau.	그녀들은 배를 타고 일본에 간다.

 처음 회화

Vous allez au travail en voiture ?
직장에 차 타고 가세요?

Ça dépend.
그때 그때 달라요.

Quiz 1 '나는 걸어서 에펠탑에 간다.'를 완성해 보세요.

→ Je _____ à la Tour Eiffel _____.

Quiz 2 '그는 버스를 타고 영화관에 간다.'를 완성해 보세요.

→ Il _____ au cinéma _____.

정답 1. vais, à pied | 2. va, en bus

Leçon 068 이거 타고 가! 교통수단과 함께 쓰는 전치사들! **195**

Leçon 069

venir 동사 : 오다

어디에서 왔니?
venir 동사

오늘의 체크 포인트

↳ 이동 동사 중 하나인 venir 동사를 알아봐요.
↳ venir 동사의 변화형을 반복해서 말해봐요.
↳ venir 동사를 도시들과 함께 사용해봐요.

❶ 이것만은 알고 가자!

① come ? venir !

- venir 동사는 '오다' 라는 뜻의 3군 동사예요. 역시나 불규칙하게 변화하지만, 외우려 하지 말고 반복해서 말해봐요!

② 파리에서 온다? 파리 출신이다!

- venir 동사로 '~에서 오다'라고 말할 수도 있지만, '~ 출신이다' 라고도 말할 수 있어요!

③ 어디에서?

- 영어의 from은 프랑스어로 de 라고 해요!

❷ venir 동사의 동사 변화

venir 오다	Je	viens	Nous	venons
	Tu	viens	Vous	venez
	Il / Elle / On	vient	Ils / Elles	viennent

❸ venir 동사 활용하기

venir de 뒤에 도시 이름을 넣어주면 그 도시 출신이라고 말할 수 있어요.

| venir | + | 전치사 de | + | 도시 이름 |

Je viens de Paris. 나는 파리 출신이다.
Tu viens de Paris. 너는 파리 출신이다.
Il viens de Séoul. 그는 서울 출신이다.
Nous venons de Séoul. 우리는 서울 출신이다.
Vous venez de Lyon. 당신은 리옹 출신이다.
Ils viennent de Lyon. 그들은 리옹 출신이다.

처음 회화

Tu viens d'où ?
너 어디에서 왔어?

Je viens de Berlin. La bière, c'est ma passion !
나 베를린 출신이야. 나 맥주에 진심이잖아!

*어휘 passion 열정

Quiz 1 '나는 서울 출신이다.'를 완성해 보세요.

→ Je _____ Séoul.

Quiz 2 '그는 니스 출신이다.'를 완성해 보세요.

→ Il _____ Nice.

정답 1. viens de | 2. vient de

Leçon 069 어디에서 왔니? venir 동사   **197**

Leçon 070 — 전치사 de의 축약

de 와 정관사가 만나면?

오늘의 체크 포인트

- de와 정관사가 만나면 어떻게 변화하는지 알아봐요.
- < venir 동사 + de + 정관사 + 명사 >에 익숙해져 봐요.
- de + 정관사 변화 형태를 직접 발음해봐요.

❶ 이것만은 알고 가자!

- **프랑스어는 축약을 좋아해!**

- Leçon 067에서 정관사 le, la, les가 전치사 à와 만나면 약간의 변화가 생긴다는 것 배웠죠? 전치사 de와 만날 경우에도 약간의 변화가 생겨요!

❷ de + 정관사

전치사		정관사		축약형
de	+	le	⇒	du
		la		de la
		les		des

💡 **TIP** 모음, 무성 h로 시작하는 명사가 오면? : de l'

아래 예시와 함께 축약형을 연습해 보세요.

de + le → du		de + la → 변화 없음
de + le : cinéma		de la : maison

⇩ ⇩

du cinema 영화관에서 (from)　　de la maison 집에서 (from)

de + les → des		de + l' → 변화 없음	
de + les	Champs-Élysées	de l'	école

⇩ ⇩

des Champs-Élysées 샹젤리제 거리에서 (from)   de l'école 학교에서 (from)

❸ venir 동사와 de + 정관사 활용하기

Je viens du cinéma.   나는 영화관에서 온다.
Je viens de la maison.   나는 집에서 온다.
Je viens des Champs-Élysées.   나는 샹젤리제에서 온다.
Je viens de l'école.   나는 학교에서 온다.

처음 회화

Tu viens de la piscine ?
너 수영장에서 오는거야?

Oui, du coup je suis fatiguée.
응, 그래서 피곤해.

 '저는 영화관에서 옵니다.' 문장을 완성해 보세요.

→ Je viens _____ cinéma.

 '저는 집에서 와요.' 문장을 완성해 보세요.

→ Je viens _____ maison.

정답 1. du 2. de la

Leçon 070 de 와 정관사가 만나면?   **199**

partir 동사 : 출발하다, 떠나다

Leçon 071

떠나 볼까? partir 동사

오늘의 체크 포인트

↳ 이동 동사 중 하나인 partir 동사를 알아봐요.
↳ partir 동사의 변화형을 반복해서 말해봐요.
↳ 문장 속에서 partir 동사를 다양하게 활용해봐요.

❶ 이것만은 알고 가자!

- leave ? partir !
- partir 동사는 '출발하다, 떠나다'라는 뜻이에요. venir와 마찬가지로 -ir로 끝나지만 3군 불규칙 동사예요!

❷ partir 동사의 동사 변화

partir 출발하다, 떠나다	Je	pars	Nous	partons
	Tu	pars	Vous	partez
	Il / Elle / On	part	Ils / Elles	partent

✪ TIP aller는 '어디로 가다'를 의미하며, 목적지에 초점이 있어요. 반면, partir는 '출발하다, 떠나다'라는 의미로, 출발하는 행동 자체에 초점이 있어요.

❸ partir 동사 활용하기

Je pars en vacances.	나는 휴가를 떠난다.
Tu pars en vacances.	너는 휴가를 떠난다.

✪ 어휘 partir en vacances 휴가를 떠나다

Il part maintenant. 그는 지금 떠난다.
Nous partons maintenant. 우리는 지금 떠난다.

○ 어휘 maintenant 지금

Vous partez en France. 당신은 프랑스로 떠난다.
Ils partent en France. 그들은 프랑스로 떠난다.

○ 어휘 en France 프랑스로

처음 회화

Vous partez en vacances ?
휴가 떠나는 거예요?

Oui, enfin !
네, 드디어요!

 **Quiz 1** '나는 프랑스로 떠난다.'를 완성해 보세요.

→ Je _____ en France.

 **Quiz 2** '그는 휴가를 떠난다.'를 완성해 보세요.

→ Il _____ en vacances.

 **Quiz 3** '우리는 지금 떠난다.'를 완성해 보세요.

→ Nous _____ maintenant.

정답 1. pars | 2. part | 3. partons

의문사 quand

Leçon 072

언제 떠나~?

오늘의 체크 포인트

↳ '언제' 라는 의문사는 프랑스어로 무엇인지 알아봐요.
↳ 오늘, 내일 등 시간 표현들을 알아봐요.
↳ 지난 시간에 배운 partir 동사와 함께 사용해봐요.

❶ 이것만은 알고 가자!

① 시간 표현은 어디에 둘까?

- 시간 표현은 문장에서의 위치가 비교적 자유로운 편이에요. 아래 표현은 둘 다 사용이 가능해요!

Maintenant, il part.	Il part maintenant.
지금, 그는 떠난다.	그는 지금 떠난다.

② when ? quand !

- 의문사 quand 은 '언제' 라는 뜻으로, 시간을 물어볼 때 사용돼요.

❷ quand 의문문 만들기

의문사 quand이 문장 맨 앞에 나오면, 주어와 동사는 순서를 바꿔요. 아래 예문으로 연습해 보세요!

Vous partez ?	⇨	Quand partez-vous ?
당신은 떠나세요?		당신은 언제 떠나세요?

❸ 시간 표현 말하기

maintenant	지금	aujourd'hui	오늘
demain	내일	après-demain	모레
ce matin	오늘 아침	ce soir	오늘 저녁

Je pars maintenant.   나는 지금 떠난다.
Tu pars aujourd'hui.   너는 오늘 떠난다.

가까운 미래를 말할 때는 현재 시제를 사용하기도 해요.

Il part demain.   그는 내일 떠난다.
Après-demain, nous partons.   우리는 모레 떠난다.

지시 형용사 (ce(t), cette, ces)를 시간 표현과 함께 쓸 땐, 그 시간을 좁혀주는 말로도 쓸 수 있어요!

Ce matin, vous partez.   당신은 오늘 아침에 떠난다.
Ils partent ce soir.   그들은 오늘 저녁에 떠난다.

 처음 회화

 **Quand partez-vous ?**
언제 떠나세요?

 **Après-demain matin. J'ai hâte !**
모레 아침에요. 너무 기대돼요!

Quiz '나는 내일 떠난다.'를 완성해 보세요.

→ Je pars _____.

정답 demain

Leçon 072 언제 떠나~?   **203**

Leçon 073

arriver 동사 : 도착하다

이제 도착해~ arriver 동사

오늘의 체크 포인트

- 이동 동사 중 하나인 arriver 동사를 알아봐요.
- arriver 동사의 변화형을 반복해서 말해봐요.
- 지난 시간에 배운 시간 표현들과 arriver 동사를 활용해봐요.

❶ 이것만은 알고 가자!

- arrive ? arriver !
- arriver 동사는 '도착하다'라는 뜻을 가진 1군 동사예요!

❷ arriver 동사의 동사 변화

arriver 도착하다	J'	arrive	Nous	arrivons
	Tu	arrives	Vous	arrivez
	Il / Elle / On	arrive	Ils / Elles	arrivent

✪ TIP 주어 인칭 대명사와 동사 사이는 항상, 반드시 연음합니다!

❸ arriver 동사 활용하기

지난 과에서 배운 시간 표현을 활용해서 arriver 동사와 함께 말해 보세요.

J'arrive ce soir.	나는 오늘 저녁에 도착한다.
Tu arrives ce soir.	너는 오늘 저녁에 도착한다.
Il arrive demain.	그는 내일 도착한다.
Nous arrivons demain.	우리는 내일 도착한다.

Vous arrivez aujourd'hui.	당신은 오늘 도착한다.
Ils arrivent aujourd'hui.	그들은 오늘 도착한다.

arriver 동사를 활용한 기초 회화 표현 2가지도 추가로 배워 봐요!

J'arrive !	나 지금 가!
Il arrive bientôt.	그는 곧 도착해.

Tu arrives bientôt ?
곧 도착하니?

Oui, je suis en route !
응, 가는 중이야!

Quiz 1 '나는 오늘 저녁에 도착한다.'를 완성해 보세요.

→ J'_____ ce soir.

Quiz 2 '너는 내일 도착한다.'를 완성해 보세요.

→ Tu _____ demain.

Quiz 3 '당신은 오늘 도착한다.'를 완성해 보세요.

→ Vous _____ aujourd'hui.

정답 1. arrive | 2. arrives | 3. arrivez

Leçon 074 · 이동 동사 복습

많은 것들을 배웠으니 복습 타임!

오늘의 체크 포인트

- 이동동사들을 복습해봐요.
- 이동동사를 사용한 다양한 문장들을 말해봐요.
- 이동동사와 함께 전치사, 축약관사들을 사용해봐요.

❶ 이동 동사 복습하기

	aller 가다	venir 오다	partir 출발하다, 떠나다	arriver 도착하다
Je(J')	vais	viens	pars	arrive
Tu	vas	viens	pars	arrives
Il / Elle / On	va	vient	part	arrive
Nous	allons	venons	partons	arrivons
Vous	allez	venez	partez	arrivez
Ils / Elles	vont	viennent	partent	arrivent

❷ 이동 동사 활용하기

① aller 동사

Je vais au café.　　　　　　　나는 카페에 간다.
Océane va jusqu'à Paris.　　오세안은 파리까지 간다.

⊙ 어휘 jusqu'à ~까지

② venir 동사

| Je viens de Tours. | 나는 뚜르 출신이다. |
| Ils viennent chez toi ? | 그들은 너의 집에 오니? |

③ partir 동사

| Je pars de Paris maintenant. | 나는 지금 파리에서 떠난다. |
| Vous partez à Séoul maintenant ? | 당신은 지금 서울로 떠나요? |

④ arriver 동사

| J'arrive en France. | 나는 프랑스에 도착한다. |
| Tu arrives en France demain ? | 너는 내일 프랑스에 도착하니? |

처음 회화

Tu vas chez le coiffeur ?
너 미용실 가?

Oui, mes cheveux sont trop longs.
응, 머리가 너무 길어.

Quiz 1 '나는 파리까지 간다.' 문장을 완성해 보세요.

→ Je _____ jusqu'à _____ .

Quiz 2 '너 우리 집(내 집)에 오니?' 문장을 완성해 보세요.

→ Tu _____ chez _____ ?

정답 1. vais, Paris | 2. viens, moi

Leçon 074 많은 것들을 배웠으니 복습 타임! **207**

Unité 11 종합 연습문제

A 다음 문제를 풀어 보세요.

1 다음 중 '나는 집에 간다.'를 올바르게 표현한 문장은?

① Je vais à la maison.
② Je vais au maison.
③ Je vais aux maison.
④ Je vais en maison.

2 다음 중 올바르게 사용된 교통수단 표현은?

① Elle va en avion.
② Tu vas à avion.
③ Nous allons à train.
④ Ils vont en pied.

3 다음 중 venir 동사의 변형이 옳지 않은 문장은?

① Je viens de Paris.
② Nous venez de Lyon.
③ Ils viennent de Séoul.
④ Tu viens de Nice.

4 de + 정관사의 축약이 올바르게 사용된 문장은?

① Je viens de le cinéma.
② Tu viens de la hôtel.
③ Ils viennent de les toilettes.
④ Nous venons du cinéma.

5 다음 중 문법적으로 옳은 문장은?

① Je vais à les toilettes.
② Tu vas à l'école.
③ Ils vont au Champs-Élysées.
④ Elle va à le Paris.

6 다음 중 '나는 오늘 저녁에 도착한다.'를 올바르게 표현한 문장은?

① J'arrive ce soir.
② Je vais ce soir.
③ Je pars ce soir.
④ J'arrive au soir.

B 제시된 문장에 맞게 빈칸을 채워 보세요.

1 나는 서울에 간다.
→ Je _____ Séoul.

2 당신 어디에 가세요?
→ Vous _____ ?

3 우리는 화장실에 간다.
→ Nous _____ toilettes.

4 그는 집에서 왔다.
→ Il _____ maison.

5 나는 휴가를 떠난다.
→ Je _____ en vacances.

6 너 오늘 도착하니?
→ Tu _____ aujourd'hui ?

프랑스어 기초 회화 표현을 큰 소리로 연습해 보세요!

On va où ?
우리 어디 가?

Peu importe, comme tu veux.
상관없어, 네가 원하는 대로.

Ça dépend.
그때 그때 달라요.

Je suis fatigué(e).
나 피곤해.

Tu arrives bientôt ?
곧 도착하니?

Oui, je suis en route !
응, 가는 중이야!

Unité 12

프랑스어의 만능 열쇠 동사들

무료 MP3 바로 듣기

Leçon 075
대표적인 만능 동사 faire
다 되지~ faire 동사!

오늘의 체크 포인트

↳ 대표적인 만능 동사인 faire 동사를 알아봐요.
↳ faire 동사의 변화형을 반복해서 말해봐요.
↳ 문장 속에서 faire 동사를 어떻게 활용하는지 알아봐요.

❶ 이것만은 알고 가자!

- do? make? faire !
- faire 동사는 '하다, 만들다'라는 뜻을 가진 3군 불규칙 동사예요. 만능 동사들은 모두 3군 불규칙 동사 입니다!

❷ faire 동사의 동사 변화

faire 하다, 만들다	Je	fais	Nous	faisons
	Tu	fais	Vous	faites
	Il / Elle / On	fait	Ils / Elles	font

✚ TIP faisons은 예외적으로 [f프종]으로 발음합니다.

❸ faire 동사 활용하기

① faire la cuisine 요리하다

| Je fais la cuisine. | 나는 요리를 한다. |
| Tu fais la cuisine. | 너는 요리를 한다. |

② faire un voyage 여행하다

| Il fait un voyage. | 그는 여행을 한다. |
| Nous faisons un voyage. | 우리는 여행을 한다. |

③ faire du pain 빵을 만들다

| Vous faites du pain. | 당신은 빵을 만든다. |
| Ils font du pain. | 그들은 빵을 만든다. |

 처음 회화

On fait quoi ce soir ?
우리 오늘 저녁에 뭐해?

Netflix et tacos !
넷플릭스랑 타코지!

Quiz 1 '나는 요리를 한다.'를 완성해 보세요.

→ Je _____ la cuisine.

Quiz 2 '그는 빵을 만든다.'를 완성해 보세요.

→ Il _____ du pain.

Quiz 3 '당신은 여행을 한다.'를 완성해 보세요.

→ Vous _____ un voyage.

정답 1. fais | 2. fait | 3. faites

Leçon 076

faire 동사의 다양한 활용

faire 동사, 이렇게도 써요!

오늘의 체크 포인트

↳ 지난 시간에 배운 faire 동사를 복습해 봐요.
↳ 만능 동사 faire ! 다양한 활용 표현을 알아봐요.
↳ 다양하게 사용되는 faire 문장을 생생하게 발음해봐요.

❶ faire 동사 활용하기

프랑스어는 하나의 동사로 아주 다양한 상황에서 사용할 수 있어요. 지난 과에서 배운 faire 동사를 활용한 다양한 표현을 더 알아봐요.

① 운동 / 악기

| faire de | + | 정관사 | + | 운동 / 악기 |

Je fais du sport.	나는 운동을 한다.
Tu fais du tennis.	너는 테니스를 친다.
Il fait du ski.	그는 스키를 탄다.

◯ 어휘 sport n.m 운동 | tennis n.m 테니스 | ski n.m 스키

Nous faisons du piano.	우리는 피아노를 친다.
Vous faites de la guitare.	당신은 기타를 연주한다.
Ils font du violon.	그들은 바이올린을 연주한다.

◯ 어휘 piano n.m 피아노 | guitare n.f 기타 | violon n.m 바이올린

② 기타 활용 표현

faire la queue	faire un tour	faire les courses
줄을 서다	산책하다	장을 보다

Je fais la queue. 나는 줄을 선다.
Elle fait un tour. 그녀는 산책한다.
Nous faisons les courses. 우리는 장을 본다.

처음 회화

Vous faites du sport ?
운동 하세요?

Oui, je fais du sport. En rêve !
네, 운동 해요. 꿈 속에서!

*어휘 rêve n.m 꿈

 Quiz 1 '나는 운동을 한다.'를 완성해 보세요.

→ Je _____ du _____.

 **Quiz 2** '너는 피아노를 친다.'를 완성해 보세요.

→ Tu _____ du _____.

 **Quiz 3** '우리는 장을 본다.'를 완성해 보세요.

→ Nous _____ les _____.

정답 1. fais, sport | 2. fais, piano | 3. faisons, courses

의문사 pourquoi

Leçon 077

그거 왜 하는데~?

오늘의 체크 포인트

↳ faire 동사로 의문문을 만들어봐요.
↳ '왜'라는 의문사를 프랑스어로 알아봐요.
↳ '왜' 의문사를 사용해서 물어봐요.

❶ 이것만은 알고 가자!

- why ? pourquoi !
- 의문사 pourquoi 는 '왜' 라는 뜻으로, 이유를 물을 때 사용해요.

❷ pourquoi 의문문 만들기

| Pourquoi | + | 동사 | + | 주어 ? |

의문사 pourquoi 가 문장 맨 앞에 나오면, 주어와 동사는 순서를 바꿔요. 아래 예문으로 연습해 보세요!

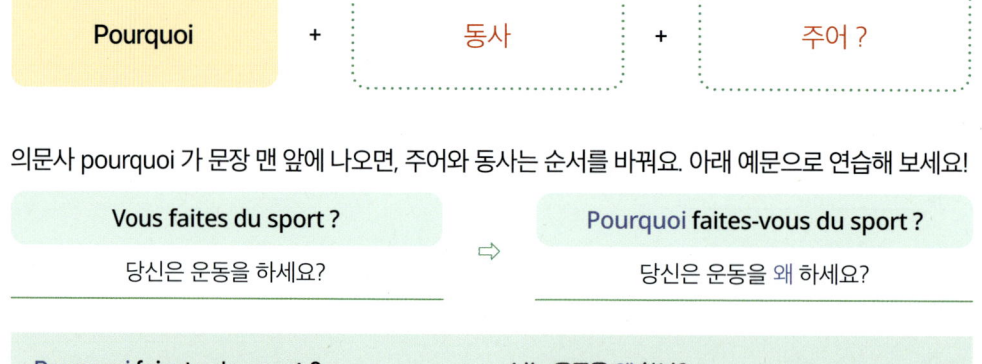

Vous faites du sport ?
당신은 운동을 하세요?

⇨

Pourquoi faites-vous du sport ?
당신은 운동을 왜 하세요?

Pourquoi fais-tu du sport ?   너는 운동을 왜 하니?

❸ faire 동사로 질문하기

의문사 pourquoi와 faire 동사로 이유를 물어보는 질문을 만들 수 있어요.

Pourquoi fais-tu la cuisine ?	너는 왜 요리를 해?
Pourquoi faites-vous la cuisine ?	당신은 왜 요리를 하세요?

Pourquoi fais-tu la queue ?	너는 왜 줄을 서?
Pourquoi faites-vous la queue ?	당신은 왜 줄을 서세요?

Pourquoi fais-tu les courses ?	너는 왜 장을 봐?
Pourquoi faites-vous les courses ?	당신은 왜 장을 보세요?

🐰 처음 회화

Pourquoi fait-il la cuisine maintenant ?
그 애는 지금 왜 요리하는 거래?

Aucune idée.
몰라.

 '너는 왜 스키를 타?'를 완성해 보세요.

→ Pourquoi _____-_____ du ski ?

 '너는 왜 피아노를 쳐?'를 완성해 보세요.

→ _____ _____-_____ du piano ?

정답 1. fais-tu 2. Pourquoi fais-tu

Leçon 077 그거 왜 하는데~?

Leçon 078

faire 동사를 활용한 날씨 표현

날씨 표현도 가능!

오늘의 체크 포인트

↘ faire 동사로 날씨를 표현하는 법을 알아봐요.
↘ 다양한 날씨를 말해봐요.
↘ 날씨를 물어보는 표현도 알아봐요.

❶ 이것만은 알고 가자!

- **날씨! 어떤 주어 & 동사를 쓸까?**
- 날씨를 말할 때는 비인칭 주어 il과 faire 동사를 사용해요.

❷ 날씨 말하기

① Il fait + 날씨 표현

- 'Il fait' 뒤에 날씨를 표현하는 형용사를 붙여주면 '(날씨가) ~하다'라는 의미를 말할 수 있어요.

날씨 표현			
beau	멋진, 아름다운	mauvais	나쁜
chaud	더운	froid	추운

Il fait beau.	날씨가 좋다.	Il fait mauvais.	날씨가 안 좋다.
Il fait chaud.	날씨가 덥다.	Il fait froid.	날씨가 춥다.

② Il + 날씨 동사

- 비, 눈, 바람 같은 자연현상에는 'Il fait' 대신 다른 날씨 동사를 사용해요.

날씨 동사			
pleuvoir	비가 오다	neiger	눈이 오다

◎ TIP pleuvoir/neiger는 비인칭 주어 il 만 주어로 가지는 동사예요!

| Il pleut. | 비가 온다. | Il neige. | 눈이 온다. |

❸ 날씨 묻기

의문사 quel (어떤)과 명사 temps (날씨)를 사용해서 날씨를 물어볼 수 있어요.

| 날씨가 어때요? | | Il fait quel temps ?
Quel temps fait-il ? |

 처음 회화

 **Il fait chaud, non ?**
덥지 않아?

 **Oui, je vais fondre.**
응, 녹을 것 같아.

 'Quel temps fait-il ?'라는 질문에 대답해 보세요.

1. 날씨가 좋다.   → _____ beau.

2. 날씨가 춥다.   → Il fait _____.

정답 1. Il fait | 2. froid

Leçon 078 날씨 표현도 가능! **219**

Leçon 079

두 번째 만능 동사 prendre

이것도 다 되지~
prendre 동사!

오늘의 체크 포인트

- 만능 동사들 중 하나인 prendre 동사를 알아봐요.
- prendre 동사의 변화형을 반복해서 말해봐요.
- 문장 속에서 prendre 동사를 어떻게 활용하는지 알아봐요.

❶ 이것만은 알고 가자!

- take? prendre !
- prendre 동사는 '타다, 잡다, 먹다'라는 뜻을 가진 3군 불규칙 동사예요. 만능 동사들은 모두 3군 불규칙 동사예요!

❷ prendre 동사의 동사 변화

prendre 타다, 잡다, 먹다	Je	prends	Nous	prenons
	Tu	prends	Vous	prenez
	Il / Elle / On	prend	Ils / Elles	prennent

❸ prendre 동사 활용하기

prendre 동사는 다양한 의미를 가진 동사인데, 오늘은 '타다'라는 의미 위주로 공부해 봐요. prendre 동사 뒤에 교통수단을 나타내는 표현을 붙이면 '~을 타다'라는 의미로 사용되요.

prendre + 관사 + 교통 수단

Je prends le métro.	나는 지하철을 탄다.
Tu prends le métro.	너는 지하철을 탄다.

Il prend le train.	그는 기차를 탄다.
Nous prenons le train.	우리는 기차를 탄다.

Vous prenez l'avion.	당신은 비행기를 탄다.
Ils prennent l'avion.	그들은 비행기를 탄다.

처음 회화

On prend la voiture ou le train ?
우리 자동차 탈까 아니면 기차 탈까?

Le train ! J'aime regarder le paysage.
기차! 나 풍경보는거 좋아하거든.

 '나는 기차를 탄다.'를 완성해 보세요.

→ Je _____ le train.

 '너는 지하철을 탄다.'를 완성해 보세요.

→ Tu prends le _____.

 '당신은 비행기를 탄다.'를 완성해 보세요.

→ Vous _____.

정답 | 1. prends | 2. métro | 3. prenez l'avion

Leçon 079 이것도 다 되지~ prendre 동사!

prendre 동사의 다양한 활용

Leçon 080
prendre 동사, 이렇게도 써요!

오늘의 체크 포인트

↘ 지난 시간에 배운 prendre 동사를 복습해 봐요.
↘ 만능 동사 prendre ! 다양한 활용 표현을 알아봐요.
↘ 다양하게 사용되는 prendre 문장을 생생하게 발음해봐요.

❶ 이것만은 알고 가자!

- prendre 동사의 쓰임
- prendre 동사는 영어의 take의 쓰임과 비슷해요. 대중교통을 탈 때, 샤워를 할 때, 식사를 할 때, 약을 복용할 때 모두 prendre 동사를 사용해요!

❷ prendre 동사의 다양한 활용

prendre 동사와 함께 사용하는 명사에 따라 다양한 의미를 나타낼 수 있어요. 대표적인 표현들을 예문과 함께 살펴봐요.

prendre +		
	le petit-déjeuner	아침 식사를 하다
	le déjeuner	점심 식사를 하다
	le dîner	저녁 식사를 하다
	un médicament	약을 복용하다
	l'air	바람을 쐬다
	une douche	샤워를 하다
	une photo	사진을 찍다
	du café	커피를 마시다

222 주미에르의 처음 프랑스어

Je prends le petit-déjeuner.	나는 아침 식사를 한다.
Tu prends le déjeuner.	너는 점심 식사를 한다.
Il prend le dîner.	그는 저녁 식사를 한다.

◦ 어휘 petit-déjeuner n.m 아침 식사 | déjeuner n.m 점심 식사 | dîner n.m 저녁 식사

Elle prend un médicament.	그녀는 약을 복용한다.
Vous prenez une douche.	당신은 샤워를 한다.
Ils prennent une photo.	그들은 사진을 찍는다.
Elles prennent du café.	그녀들은 커피를 마신다.

 처음 회화

 **Tu prends quel dessert ?**
어떤 디저트 먹을 거야?

 **Impossible de choisir !**
고를 수가 없어!

*어휘 impossible 불가능한

Quiz 1 '나는 아침을 먹는다.'를 완성해 보세요.

→ Je _____ le petit-déjeuner.

Quiz 2 '당신은 사진을 찍는다.'를 완성해 보세요.

→ Vous _____ une _____.

정답 1. prends | 2. prenez, photo

Leçon 080 prendre 동사, 이렇게도 써요!

Leçon 081

세 번째 만능 동사 mettre

다 되는 게 또 있다니!
mettre 동사!

오늘의 체크 포인트

↳ 만능 동사들 중 하나인 mettre 동사를 알아봐요.
↳ mettre 동사의 변화형을 반복해서 말해봐요.
↳ mettre 동사의 다양한 활용법을 알아봐요.

❶ 이것만은 알고 가자!

• put ? mettre !
- mettre 동사는 '놓다, 넣다, 두다, 입다'라는 뜻을 가진 3군 불규칙 동사예요. 만능 동사들은 모두 3군 불규칙 동사예요!

❷ mettre 동사의 동사 변화

mettre 놓다, 넣다, 두다, 입다	Je	mets	Nous	mettons
	Tu	mets	Vous	mettez
	Il / Elle / On	met	Ils / Elles	mettent

❸ mettre 동사 활용하기

① 놓다, 두다

Je mets un livre.	나는 책 한 권을 둔다.
Je mets un livre sur la table.	나는 테이블 위에 책 한 권을 둔다.
Tu mets un livre sur la table.	너는 테이블 위에 책 한 권을 둔다.

224 주미에르의 처음 프랑스어

② 입다

| Elle met une robe. | 그녀는 원피스를 입는다. |

③ 붙이다

Nous mettons un timbre.	우리는 우표를 붙인다.
Nous mettons un timbre sur la lettre.	우리는 편지에 우표를 붙인다.
Vous mettez un timbre sur la lettre.	당신은 편지에 우표를 붙인다.

④ 넣다

| Ils mettent un livre. | 그들은 책 한 권을 넣는다. |
| Ils mettent un livre dans le sac. | 그들은 가방 안에 책 한 권을 넣는다. |

 처음 회화

 **Tu mets un manteau ?**
외투 입을 거야?

 **Oui, il fait super froid !**
응, 엄청 추워!

 **Quiz 1** '나는 원피스를 입는다.'를 완성해 보세요.

→ Je _____ une robe.

 **Quiz 2** '당신은 침대 위에 책을 놓는다.'를 완성해 보세요.

→ _____ un livre sur le lit.

Unité 12 종합 연습문제

A 다음 문제를 풀어 보세요.

1 다음 중 faire 동사의 활용이 옳지 않은 문장은?
① Je fait du sport.
② Nous faisons un voyage.
③ Tu fais du piano.
④ Ils font du pain.

2 '왜'를 뜻하는 프랑스어 의문사는?
① Où
② Quand
③ Comment
④ Pourquoi

3 다음 중 '날씨가 덥다.'를 올바르게 표현한 문장은?
① Il fait froid.
② Il fait chaud.
③ Il pleut.
④ Il neige.

4 '날씨가 어때요?'를 올바르게 표현한 문장은?
① Quel âge as-tu ?
② Quel temps fait-il ?
③ Où habitez-vous ?
④ Comment vas-tu ?

5 다음 중 '그는 비행기를 탄다.'를 올바르게 표현한 문장은?
① Il prend l'avion.
② Il prends l'avion.
③ Il prend le bus.
④ Il prennent l'avion.

6 다음 중 '나는 원피스를 입는다.'를 올바르게 표현한 문장은?
① Je mets une robe.
② Je prends une robe.
③ Je mets un pantalon.
④ Je prends un sac.

B 제시된 문장에 맞게 빈칸을 채워 보세요.

1 나는 여행을 한다.
→ Je _____ voyage.

2 그녀들은 빵을 만들어요.
→ Elles _____ du pain.

3 너는 피아노를 치는구나.
→ Tu _____ du piano.

4 당신은 왜 장을 보세요?
→ _____ faites-_____ les courses ?

5 날씨가 춥다.
→ Il fait _____ .

6 비가 온다.
→ Il _____ .

프랑스어 기초 회화 표현을 큰 소리로 읽으면서 연습해 보세요!

On fait quoi ce soir ?
우리 오늘 저녁에 뭐해?

Je fais du sport.
나는 운동 해요.

Aucune idée.
몰라.

Il fait chaud, non ?
덥지 않아?

On prend la voiture ou le train ?
우리 자동차 탈까 아니면 기차 탈까?

Impossible de choisir !
고를 수가 없어!

Unité 13

원하고, 할 수 있고, 해야 하는 동사들

무료 MP3 바로 듣기

Leçon 082
조동사 vouloir : 원하다
나는 치즈 원해! 너는 햄 원해?

오늘의 체크 포인트

- 프랑스어의 조동사 vouloir 동사를 알아봐요.
- vouloir 동사의 변화형을 반복해서 말해봐요.
- vouloir 동사의 다양한 활용법을 알아봐요.

❶ 이것만은 알고 가자!

① want ? vouloir !
- vouloir 동사는 '원하다'라는 뜻을 가진 동사예요.

② 조동사 vouloir ?
- 조동사는 동사를 도와 추가적인 의미를 부여하는 동사를 가리키는 말이에요. 조동사로 사용되는 vouloir 동사 뒤에는 명사 또는 동사원형이 올 수 있어요.

❷ vouloir 동사의 동사 변화

vouloir 원하다	Je	veux	Nous	voulons
	Tu	veux	Vous	voulez
	Il / Elle / On	veut	Ils / Elles	veulent

❸ vouloir 동사 활용하기

① vouloir 동사 + 명사
- 명사와 함께 사용할 경우, '~을 원하다'라는 의미를 나타내요.

Je veux du fromage.	나는 치즈를 원한다.
Tu veux du jambon ?	너는 햄을 원해?
Nous voulons du chocolat.	우리는 초콜릿을 원한다.
Elles veulent cela.	그녀들은 이것을 원한다.

◯ 어휘 fromage n.m 치즈 | jambon n.m 햄 | chocolat n.m 초콜릿

② vouloir 동사 + 동사원형

- 동사원형과 함께 사용할 경우, '~을 하고 싶다'라는 의미를 나타내요.

Je veux lire un livre.	나는 책을 읽고 싶다.
Il veut manger une orange.	그는 오렌지가 먹고 싶다.
Vous voulez réussir l'examen.	당신은 시험에 합격하고 싶다.
Ils veulent finir le travail.	그들은 일을 끝내고 싶다.

처음 회화

Vous voulez venir avec nous ?
우리랑 같이 가실래요?

Bien sûr !
물론이죠!

 '나는 초콜릿을 원한다.'를 완성해 보세요.

→ Je _____ du chocolat.

 '그들은 이것을 원한다.'를 완성해 보세요.

→ Ils _____.

정답 1. veux | 2. veulent cela

Leçon 082 나는 치즈 원해! 너는 햄 원해? **231**

Leçon 083 — vouloir 동사를 활용해 예의 있게 주문하기

바게트 하나 부탁합니다~

오늘의 체크 포인트

↳ 프랑스어의 조동사 vouloir 동사를 복습해봐요.
↳ vouloir 동사로 예의 있게 말하는 법을 알아봐요.
↳ vouloir 동사로 원하는 것을 주문해봐요.

❶ 이것만은 알고 가자!

- I want → I would like
- 영어에도 공손한 표현이 존재하죠? 프랑스어에도 예의를 담아 쓰는 표현들이 있답니다!

❷ vouloir 동사로 주문하기

| Je voudrais | + | 원하는 것 | , | s'il vous plaît. |

- **Je voudrais** : vouloir 동사의 Je 주어 조건법! 조건법은 예의를 갖춰서 말할 때 쓰는 동사 형태예요.
- **s'il vous plaît** : 영어의 please에 해당하는 표현이에요.

다양한 음식 표현을 활용해서 원하는 것을 주문하는 표현을 말해 보세요.

baguette	바게트	orange	오렌지
café	커피	thé	차
pain au chocolat	뺑오쇼콜라	macaron	마카롱

Je voudrais une baguette, s'il vous plaît.	바게트 하나 주세요(부탁합니다).
Je voudrais une orange, s'il vous plaît.	오렌지 하나 주세요(부탁합니다).
Je voudrais un café, s'il vous plaît.	커피 한 잔 주세요(부탁합니다).
Je voudrais un thé, s'il vous plaît.	차 한 잔 주세요(부탁합니다).
Je voudrais un pain au chocolat, s'il vous plaît.	뺑오쇼콜라 하나 주세요(부탁합니다).
Je voudrais un macaron, s'il vous plaît.	마카롱 하나 주세요(부탁합니다).

처음 회화

Qu'est-ce que vous voulez ?
뭘 원하세요?

Je voudrais des vacances… très longues !
저는 휴가를 원해요… 아주 긴!

Quiz 1 '바게트 하나 부탁합니다.'를 완성해 보세요.

→ _____ une baguette, s'il vous plaît.

Quiz 2 '커피 한 잔 부탁합니다.'를 완성해 보세요.

→ _____ un café, _____.

Quiz 3 '마카롱 하나 부탁합니다.'를 완성해 보세요.

→ _____ un _____, _____.

정답 1. Je voudrais | 2. Je voudrais, s'il vous plaît | 3. Je voudrais, macaron, s'il vous plaît.

Leçon 084

조동사 pouvoir : 할 수 있다

나는 할 수 있다!

오늘의 체크 포인트

↳ 프랑스어의 조동사 pouvoir 동사를 복습해봐요.
↳ pouvoir 동사의 변화형을 반복해서 말해봐요.
↳ pouvoir 동사의 다양한 활용법을 알아봐요.

❶ 이것만은 알고 가자!

① can ? pouvoir !
- pouvoir 동사는 '할 수 있다'라는 뜻이에요. '해도 된다'라는 가벼운 허락을 의미하기도 해요!

② 조동사 pouvoir ?
- pouvoir 동사 뒤에는 동사원형이 올 수 있어요. 조동사로 사용되기 때문이에요!

❷ pouvoir 동사의 동사 변화

pouvoir 할 수 있다	Je	peux	Nous	pouvons
	Tu	peux	Vous	pouvez
	Il / Elle / On	peut	Ils / Elles	peuvent

❸ pouvoir 동사 활용하기

• pouvoir 동사 + 동사원형
- 동사원형과 함께 사용할 경우, '~을 할 수 있다'라는 의미를 나타내요.

Je peux aller à Paris. **Tu peux** aller à Paris.	나는 파리에 갈 수 있다. 너는 파리에 갈 수 있다.
Il peut partir maintenant. **Nous pouvons** partir maintenant.	그는 지금 출발할 수 있다. 우리는 지금 출발할 수 있다.
Vous pouvez boire de l'eau. **Ils peuvent** boire de l'eau.	당신은 물을 마실 수 있다. 그들은 물을 마실 수 있다.

◯ 어휘 boire de l'eau 물을 마시다

 처음 회화

 **Tu peux venir ce soir ?**
오늘 저녁에 올 수 있어?

 **Oui, après le travail.**
응, 일 끝나고.

Quiz 1 '나는 파리에 갈 수 있다.'를 완성해 보세요.

→ Je peux _____ à Paris.

Quiz 2 '우리는 지금 떠날 수 있다.'를 완성해 보세요.

→ Nous _____ maintenant.

Quiz 3 '당신은 물을 마실 수 있다.'를 완성해 보세요.

→ Vous _____ boire de l'eau.

정답 1. aller | 2. pouvons partir | 3. pouvez

조동사 devoir : 해야 한다

Leçon 085

나는 해야 한다!

오늘의 체크 포인트

↳ 프랑스어의 조동사 devoir 동사를 알아봐요.
↳ devoir 동사의 변화형을 반복해서 말해봐요.
↳ devoir 동사의 다양한 활용법을 알아봐요.

❶ 이것만은 알고 가자!

① must ? devoir !
- devoir 동사는 '해야 한다'라는 뜻이에요.

② 조동사 devoir ?
- devoir 동사 뒤에는 동사원형이 올 수 있어요. 조동사로 사용되기 때문이에요.

❷ devoir 동사의 동사 변화

devoir 해야 한다	Je	dois	Nous	devons
	Tu	dois	Vous	devez
	Il / Elle / On	doit	Ils / Elles	doivent

❸ devoir 동사 활용하기

- devoir 동사 + 동사원형

- 동사원형과 함께 사용할 경우, '~을 해야 한다'라는 의미를 나타내요.

Je dois prendre le petit-déjeuner. 나는 아침 식사를 해야 한다.
Tu dois prendre le dîner. 너는 저녁 식사를 해야 한다.
Il doit prendre un médicament. 그는 약을 복용해야 한다.
Elle doit mettre un timbre sur la lettre. 그녀는 편지에 우표를 붙여야 한다.
Nous devons prendre une douche. 우리는 샤워를 해야 한다.
Vous devez faire les courses. 당신은 장을 봐야 한다.
Ils doivent faire la vaisselle. 그들은 설거지를 해야 한다.

O 어휘 faire la vaisselle 설거지하다

처음 회화

Tu dois étudier ?
공부해야 해?

Oui, mais je vais commencer demain.
응, 근데 내일 시작할 거야.

 '너는 아침 식사를 해야 한다.'를 완성해 보세요.

→ Tu _____ le petit-déjeuner.

 '그는 약을 복용해야 한다.'를 완성해 보세요.

→ Il _____ un médicament.

 '당신은 설거지를 해야 한다.'를 완성해 보세요.

→ Vous _____ la vaisselle.

정답 1. dois prendre | 2. doit prendre | 3. devez faire

Leçon 085 나는 해야 한다!

Unité 13 종합 연습문제

A 다음 문제를 풀어 보세요.

1 다음 중 vouloir 동사의 변형이 옳지 않은 문장은?

① Je veux une baguette.
② Nous voulons du chocolat.
③ Ils veulent du fromage.
④ Tu veut du jambon.

2 다음 중 '나는 책을 읽고 싶다.'를 올바르게 표현한 문장은?

① Je veux lire un livre.
② Je veux prendre un livre.
③ Je veux acheter un livre.
④ Je veux aller à la bibliothèque.

3 다음 중 '티 한 잔 부탁합니다.'를 올바르게 표현한 문장은?

① Je peux boire un thé.
② Un thé.
③ Je voudrais un thé, s'il vous plaît.
④ Je veux un thé.

4 다음 중 '그들은 물을 마실 수 있다.'를 올바르게 표현한 문장은?

① Ils peuvent boire de l'eau.
② Ils veulent boire de l'eau.
③ Ils doivent boire de l'eau.
④ Ils prennent de l'eau.

5 다음 중 devoir 동사의 활용이 옳지 않은 문장은?

① Tu dois prendre le métro ?
② Vous devez prendre une douche.
③ Il doit faire la vaisselle.
④ Vous devons faire les courses.

6 다음 중 '나는 아침 식사를 해야 한다.'를 올바르게 표현한 문장은?

① Je dois prendre le petit-déjeuner.
② Je peux prendre le petit-déjeuner.
③ Je veux prendre le petit-déjeuner.
④ Je vais prendre le petit-déjeuner.

B 제시된 문장에 맞게 빈칸을 채워 보세요.

1 나는 초콜릿을 원한다.
→ Je _____ du chocolat.

2 그녀들은 이것을 원한다.
→ Elles _____ cela.

3 커피 한 잔 주세요(부탁합니다).
→ Je _____ un café, _____.

4 뺑오쇼콜라 주세요(부탁합니다).
→ Je _____, _____.

5 우리 지금 출발할 수 있어.
→ Nous _____ partir _____.

6 당신은 장을 봐야 해요.
→ Vous _____ faire les courses.

프랑스어 기초 회화 표현을 큰 소리로 읽으면서 연습해 보세요!

Vous voulez venir avec nous ?
우리랑 같이 가실래요?

Qu'est-ce que vous voulez ?
뭘 원하세요?

Tu peux venir ce soir ?
오늘 저녁에 올 수 있어?

Après le travail.
일 끝나고.

Tu dois étudier ?
공부해야 해?

Je vais commencer demain.
내일 시작할 거야.

Unité 14

좋아하는 동사들

무료 MP3 바로 듣기

Leçon 086

기호동사의 특징 & 대표적인 기호동사 aimer 복습 : 좋아하다

좋아해~ aimer 동사

오늘의 체크 포인트

↳ 프랑스어 기호 동사의 특징을 알아봐요.
↳ 대표적인 기호 동사 aimer 동사를 복습해봐요.
↳ aimer 동사의 다양한 활용법을 알아봐요.

❶ 이것만은 알고 가자!

① 기호 동사 뒤에는?

- 기호 동사는 '좋아하다, 싫어하다'와 같이 취향, 선호를 나타내는 동사를 말해요. 이런 기호 동사 뒤에는 명사 또는 동사원형이 올 수 있어요. 그리고 기호 동사 뒤에 명사가 오면 항상 정관사를 써요!

② like ? aimer !

- aimer 동사는 '좋아하다'라는 뜻을 가진 기호 동사예요.

❷ aimer 동사의 동사변화

aimer 좋아하다	J'	aime	Nous	aimons
	Tu	aimes	Vous	aimez
	Il / Elle / On	aime	Ils / Elles	aiment

❸ aimer 동사 활용하기

① aimer 동사 + 명사

- 명사와 함께 사용할 경우, '~을 좋아하다'라는 의미를 나타내요.

| J'aime le chocolat. | 나는 초콜릿을 좋아한다. |
| Tu aimes le chocolat. | 너는 초콜릿을 좋아한다. |

Il aime le poème.	그는 시를 좋아한다.
Nous aimons le poème.	우리는 시를 좋아한다.

⊙ 어휘 poème n.m 시

② aimer 동사 + 동사원형

- 동사원형과 함께 사용할 경우, '~하는 것을 좋아하다'라는 의미를 나타내요.

Vous aimez écouter de la musique.	당신은 음악 듣는 것을 좋아한다.
Ils aiment écouter de la musique.	그들은 음악 듣는 것을 좋아한다.
J'aime faire du sport.	나는 운동하는 것을 좋아한다.
Nous aimons faire du sport.	우리는 운동하는 것을 좋아한다.

⊙ 어휘 écouter de la musique 음악을 듣다 | faire du sport 운동하다

처음 회화

Vous aimez voyager ?
여행하는 거 좋아하세요?

Oui, mais je n'aime pas faire la valise.
네, 근데 짐 싸는 건 안 좋아해요.

 **Quiz 1** '나는 초콜릿을 좋아한다.'를 완성해 보세요.

→ J'_____ le chocolat.

 **Quiz 2** '그들은 음악 듣는 것을 좋아한다.'를 완성해 보세요.

→ Ils _____ écouter de la _____.

정답 1. aime | 2. aiment, musique

Leçon 086 좋아해~ aimer 동사

직접 목적 보어 대명사

Leçon 087

je t'aime 에서 t 가 뭘까~요?

오늘의 체크 포인트

- 프랑스어의 직접목적보어 대명사를 배워봐요.
- 다양한 동사와 직접목적보어 대명사를 함께 사용해봐요.

❶ 이것만은 알고 가자!

- 프랑스어 직접목적보어? 직접목적보어 대명사?

- 보통 '~을', '~를' 로 해석되는 것을 직접목적보어라고 해요! 직접목적보어는 동사 뒤에 위치해요.

- 대명사는 '명사를 대신한다'라는 뜻이죠? 직접목적보어 대명사는 직접목적보어로 사용된 명사를 대신해서 쓰는 말이에요. 직접목적보어 대명사는 동사 앞에 위치해요.

❷ 직접목적보어 대명사

	주어	직접목적보어		주어	직접목적보어
나	Je	me	우리	Nous	nous
너	Tu	te	당신(들)	Vous	vous
그 / 그녀	Il / Elle	le / la	그들 / 그녀들	Ils / Elles	les

❸ 여러 동사들과 직접목적보어 대명사

① aimer 동사와 직접목적보어 대명사

Je t'aime.	나는 너를 사랑한다.
Je vous aime.	나는 당신을 사랑한다.

Ma mère nous aime.
Tu m'aimes ?

내 어머니는 우리를 사랑한다.
너는 나를 사랑하니?

✚ TIP 직접목적보어 me와 te는 aime와 만나면 축약이 되어 m' / t' 로 써요.

② 다른 동사들과 직접목적보어 대명사

동사	직접목적보어	직접목적보어 대명사
lire 읽다	Je lis un livre. 나는 책을 읽는다.	Je le lis. 나는 그것을 읽는다.
manger 먹다	Tu manges une pomme ? 너는 사과를 먹니?	Tu la manges ? 너는 그것을 먹니?
prendre 타다	Il prend le bus. 그는 버스를 탄다.	Il le prend. 그는 그것을 탄다.
choisir 선택하다	On choisit les macarons. 우리는 마카롱들을 선택한다.	On les choisit. 우리는 그것들은 선택한다.
savoir 알다	Vous savez mon adresse ? 당신은 제 주소를 아세요?	Vous la savez ? 당신은 그것을 아세요?

 처음 회화

 **Il prend le métro pour aller au travail ?**
그 사람 출근할 때 지하철 타?

 **Oui, il le prend parce que c'est rapide.**
응, 그게 빨라서 타.

❓ Quiz '그녀는 나를 사랑한다.'를 완성해 보세요.

→ _____ aime.

정답 Elle m'

Leçon 087 je t'aime 에서 t 가 뭘까~요? **245**

Leçon 088

aimer보다 더 좋아할 때 쓰는 adorer : 매우 좋아하다

열렬히 사랑해~
adorer 동사

오늘의 체크 포인트

↳ 프랑스어의 기호 동사 adorer 동사를 알아봐요.
↳ adorer 동사의 변화형을 반복해서 말해봐요.
↳ adorer 동사의 다양한 활용법을 알아봐요.

❶ 이것만은 알고 가자!

- love ? adorer !
- adorer 동사는 '사랑하다, 열렬히 좋아하다'라는 뜻을 가진 1군 규칙 동사예요. adorer도 기호 동사이기 때문에 adorer 뒤에는 명사 또는 동사원형이 와요.

❷ adorer 동사의 동사변화

adorer 사랑하다	J'	adore	Nous	adorons
	Tu	adores	Vous	adorez
	Il / Elle / On	adore	Ils / Elles	adorent

❸ adorer 동사 활용하기

① adorer 동사 + 명사

- 명사와 함께 사용할 경우, '~을 열렬히 좋아한다'라는 의미를 나타내요.

| J'adore le film. | 나는 영화를 열렬히 좋아한다. |
| Tu adores le film ? | 너는 영화를 열렬히 좋아하니? |

- adorer 뒤에 명사가 오면 정관사를 함께 쓰지만, 지시 형용사를 쓸 때는 관사를 쓰지 않아요!

Il adore cette voiture rouge.	그는 이 빨간색 자동차를 열렬히 좋아한다
Nous adorons cette voiture rouge.	우리는 이 빨간색 자동차를 열렬히 좋아한다.

② adorer 동사 + 동사원형

- 동사원형과 함께 사용할 경우, '~하는 것을 열렬히 좋아한다'라는 의미를 나타내요.

Vous adorez voyager.	당신은 여행하는 것을 열렬히 좋아하시는군요.
Elles adorent voyager.	그녀들은 여행하는 것을 열렬히 좋아한다.

처음 회화

J'adore le soleil !
나 태양이 너무 좋아!

Mais tu es toujours à l'intérieur.
근데 너 항상 실내에 있잖아.

 '나는 영화를 열렬히 좋아한다.'를 완성해 보세요.

→ J'_____ le film.

 '우리는 이 자동차를 열렬히 좋아한다.'를 완성해 보세요.

→ Nous _____ cette voiture.

 '그들은 여행하는 것을 열렬히 좋아한다.'를 완성해 보세요.

→ Ils _____ voyager.

정답 1. adore | 2. adorons | 3. adorent

불호를 나타내는 détester : 싫어하다

Leçon 089

정말 너무 싫어해…
détester 동사

오늘의 체크 포인트

↳ 프랑스어의 기호 동사 détester 동사를 알아봐요.
↳ détester 동사의 변화형을 반복해서 말해봐요.
↳ détester 동사의 다양한 활용법을 알아봐요.

❶ 이것만은 알고 가자!

- hate ? détester !
- détester 동사는 '몹시 싫어하다'라는 뜻을 가진 1군 규칙 동사예요. détester도 기호 동사이기 때문에 détester 뒤에는 명사 또는 동사원형이 와요.

❷ détester 동사의 동사변화

détester 몹시 싫어하다	Je	déteste	Nous	détestons
	Tu	détestes	Vous	détestez
	Il / Elle / On	déteste	Ils / Elles	détestent

❸ détester 동사 활용하기

① détester 동사 + 명사

- 명사와 함께 사용할 경우, '~을 싫어한다'라는 의미를 나타내요.

| Je déteste ce style. | 나는 이 스타일을 싫어한다. |
| Tu détestes ce style. | 너는 이 스타일을 싫어한다. |

💡 어휘 style n.m 스타일

② détester 동사 + 동사원형

- 동사원형과 함께 사용할 경우, '~하는 것을 싫어한다'라는 의미를 나타내요.

Elle déteste marcher.	그녀는 걷는 것을 싫어한다.
Nous détestons marcher.	우리는 걷는 것을 싫어한다.

◯ 어휘 marcher 걷다

③ ne + détester 동사 + pas

- 부정문을 만들 때, 'ne + 동사 + pas' 형태가 된다는 것을 배웠죠? détester 동사가 부정문 형태로 사용되면 '~을 꽤 좋아한다(싫어하지 않는다)'는 의미를 표현할 수 있어요.

Vous ne détestez pas le chocolat.	당신은 초콜릿을 꽤 좋아한다.(싫어하지 않는다).
Ils ne détestent pas le chocolat.	그들은 초콜릿을 꽤 좋아한다.(싫어하지 않는다).

처음 회화

Je déteste les embouteillages !
나는 교통체증이 너무 싫어!

Prends un vélo.
자전거 타.

Quiz 1 '나는 걷는 것을 싫어한다.'를 완성해 보세요.

→ Je _____ marcher.

Quiz 2 '그녀들은 초콜릿을 꽤 좋아한다.'를 완성해 보세요.

→ Elles ne _____ chocolat.

정답 1. déteste 2. détestent pas le

my favorite, 프랑스어로 말하기

Leçon 090 네가 제일 좋아하는 색깔이 뭐야?

오늘의 체크 포인트

↳ '어떤, 무엇의'를 의미하는 프랑스어 의문사를 알아봐요.
↳ '가장 좋아하는 것'을 프랑스어로 말해봐요.

❶ 이것만은 알고 가자!

① which ? quel !

- quel은 '어떤, 무엇의' 라는 뜻의 프랑스어 의문 형용사예요. 의문 형용사 quel의 형태는 아래와 같아요.

	남성	여성
단수	Quel	Quelle
복수	Quels	Quelles

② préféré

- '가장 좋아하는'이라는 뜻의 형용사예요. préféré는 명사를 뒤에서 꾸며주고, 꾸며주는 명사의 성, 수에 일치시키는 것이 포인트예요!

❷ quel 의문사 사용하기

'~가 무엇입니까?'라고 물어볼 때 아래와 같이 표현할 수 있어요. 여기서 중요한 점은 주어의 성, 수에 맞추어 나머지를 바꿔줘야 한다는 거예요!

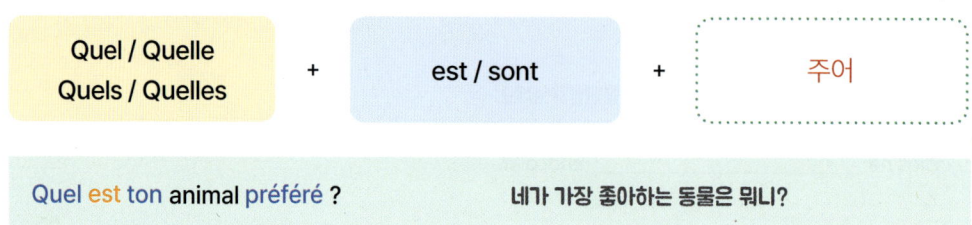

Quel est ton animal préféré ?   네가 가장 좋아하는 동물은 뭐니?

❸ 가장 좋아하는 것 대답하기

'내가 가장 좋아하는 ~는 ~입니다.'라는 대답을 할 때는 아래와 같이 말해요.

Mon ____ préféré + est + 좋아하는 대상

Quel est ton animal préféré ? 　　네가 가장 좋아하는 동물이 뭐야?
Mon animal préféré est le chien. 　내가 제일 좋아하는 동물은 강아지야.
Quelle est ta couleur préférée ? 　네가 가장 좋아하는 색깔이 뭐야?
Ma couleur préférée est le rouge. 　내가 제일 좋아하는 색은 빨간색이야.
Quel est ton plat préféré ? 　　　네가 가장 좋아하는 음식이 뭐야?
Mon plat préféré est le steak. 　　내가 제일 좋아하는 음식은 스테이크야.

처음 회화

Quel est ton animal préféré ?
네가 가장 좋아하는 동물은 뭐야?

C'est le chien.
강아지야.

 '네가 제일 좋아하는 책이 뭐야?'를 완성해 보세요.

→ Quel est ton livre _____ ?

 '내가 제일 좋아하는 음식은 스테이크야.'를 완성해 보세요.

→ Mon _____ est le steak.

정답 1. préféré | 2. plat préféré

Leçon 090 네가 제일 좋아하는 색깔이 뭐야?

Unité 14 종합 연습문제

A 다음 문제를 풀어 보세요.

1 '나는 운동하는 것을 좋아해.'를 올바르게 표현한 문장은?

① J'aime du sport.
② J'aime faire du sport.
③ J'aime de sport.
④ J'aime jouer du sport.

4 '그녀들은 여행하는 것을 열렬히 좋아한다.'를 올바르게 표현한 문장은?

① Elles adore voyager.
② Elles adore à voyager.
③ Elles adore de voyager.
④ Elles adorent voyager.

2 다음 중 직접목적보어 대명사가 올바르게 사용된 문장은?

① Je le lis un livre.
② Je lis le.
③ Je le lis.
④ Le lis je.

5 다음 중 détester 동사의 활용이 옳지 않은 문장은?

① Je déteste ce style.
② Tu détestent le chocolat.
③ Vous détestez le film.
④ Elles détestent marcher.

3 다음 중 adorer 동사의 활용이 옳지 않은 문장은?

① J'adore voyager.
② Tu adores le film.
③ Nous adorez cette voiture.
④ Ils adorent voyager.

6 다음 중 '네가 가장 좋아하는 색깔이 뭐야?'를 올바르게 표현한 문장은?

① Quelle est ta couleur préférée ?
② Quel est ton couleur préféré ?
③ Quel est ta couleur préférée ?
④ Quelle est ton couleur préféré ?

252 주미에르의 처음 프랑스어

B 제시된 문장에 맞게 빈칸을 채워 보세요.

1 나는 음악 듣는 것을 좋아해.
→ _____ écouter de la musique.

2 너는 나 사랑해?
→ Tu _____ aimes ?

3 그들은 여행하는 것을 열렬히 좋아한다.
→ Ils _____ voyager.

4 당신은 초콜릿을 싫어하지 않는군요.
→ _____ ne _____ pas le chocolat.

5 네가 제일 좋아하는 책이 뭐야?
→ _____ est _____ livre _____ ?

6 내가 가장 좋아하는 색깔은 빨간색이야.
→ _____ couleur _____ est le _____ .

처음 Talk talk!

프랑스어 기초 회화 표현을 큰 소리로 읽으면서 연습해 보세요!

Vous aimez voyager ?
여행하는 거 좋아하세요?

Je n'aime pas faire la valise.
짐 싸는 것 안 좋아해요.

Il prend le métro pour aller au travail ?
그 사람 출근할 때 지하철 타?

J'adore le soleil !
나 태양이 너무 좋아!

Je déteste les embouteillages !
나는 교통체증이 너무 싫어!

Quel est ton animal préféré ?
네가 가장 좋아하는 동물은 뭐야?

Unité 15

들락 날락 동사들

무료 MP3 바로 듣기

Leçon 091

entrer 동사 : 들어가다

아버지가방에 "들어가신다"
entrer 동사

오늘의 체크 포인트

↳ entrer 동사를 알아봐요.
↳ entrer 동사의 변화형을 반복해서 말해봐요.
↳ entrer 동사의 다양한 활용법을 알아봐요.

❶ 이것만은 알고 가자!

① enter ? entrer !
- entrer 동사는 '들어가다'라는 뜻을 가진 1군 규칙 동사예요.

② 전치사 dans
- '~ 안에'를 뜻하는 전치사! 기억나요? 장소 및 공간을 나타내는 명사 앞에 사용할 수 있어요!

❷ entrer 동사의 동사변화

entrer 들어가다	J'	entre	Nous	entrons
	Tu	entres	Vous	entrez
	Il / Elle / On	entre	Ils / Elles	entrent

✚ TIP 주어 인칭 대명사와 동사 사이에서는 연음이 필수예요!

❸ entrer 동사 활용하기

전치사 dans와 함께 사용할 경우, '~안에 들어간다'라는 의미를 나타내요.

| J'entre dans la chambre. | 나는 방 안에 들어간다. |
| Tu entres dans la chambre ? | 너는 방 안에 들어가니? |

Il entre dans le restaurant.
Nous entrons dans le restaurant.

그는 식당 안에 들어간다.
우리는 식당 안에 들어간다.

● 어휘 restaurant n.m 식당

'ne … pas'를 사용해서 부정문으로도 말할 수 있어요.

Vous entrez dans la maison ?
Ils n'entrent pas dans la maison.

당신은 집 안에 들어가세요?
그들은 집 안에 들어가지 않는다.

● 어휘 maison n.f 집

 **On peut entrer dans le musée ?**
우리 박물관 들어갈 수 있어?

 **Oui, mais on doit acheter un billet.**
응, 근데 표 사야 해.

Quiz 1 '나는 식당 안에 들어간다.'를 완성해 보세요.

→ J'_____ dans le restaurant.

Quiz 2 '그는 방에 들어가지 않는다.'를 완성해 보세요.

→ Il n'_____ pas _____ la chambre.

정답 1. entre | 2. entre, dans

Leçon 091 아버지가방에 "들어가신다" entrer 동사   **257**

Leçon 092

sortir 동사 : 나가다

나갈까? 데이트할까?
sortir 동사

오늘의 체크 포인트

↳ sortir 동사를 알아봐요.
↳ sortir 동사의 다양한 활용법을 알아봐요.

❶ 이것만 알고 가자!

① go out ? sortir !
- sortir 동사는 '나가다'라는 뜻을 가진 동사예요. sortir 동사는 -ir로 끝나지만 3군 불규칙 동사예요!

② 전치사 de와 avec
- de 는 '~의(of), ~에서(from)'를 뜻하는 전치사이고, avec 는 '~와 함께(with)'를 뜻하는 전치사예요.
'sortir de + 장소', 'sortir avec + 사람' 형태로 사용할 수 있어요.

❷ sortir 동사의 동사변화

sortir 나가다	Je	sors	Nous	sortons
	Tu	sors	Vous	sortez
	Il / Elle / On	sort	Ils / Elles	sortent

❸ sortir 동사 활용하기

① sortir de + 장소 ~에서 나가다

Je sors de la maison.	나는 집에서 나간다.
Tu ne sors pas de la maison.	너는 집에서 나가지 않는다.

| Ils sortent du restaurant. | 그들은 그 식당에서 나간다. |

○ TIP 전치사 de와 정관사 le가 만나면 du로 축약해요!

② sortir avec + 사람 ~와 데이트하다

| Il sort avec Marie.
Vous sortez avec Jean aujourd'hui ? | 그는 Marie와 데이트 한다.
당신은 오늘 Jean과 데이트하세요? |

③ sortir + 날짜 표현 (~ 날짜에) 나가다, 외출하다

| Nous sortons le dimanche. | 우리는 일요일마다 나간다(외출한다). |

○ 어휘 le dimanche 일요일마다

On sort demain ?
내일 나갈까?

Bien sûr, où tu veux.
물론이지, 네가 원하는 곳이면 어디든.

 '나는 식당에서 나간다.'를 완성해 보세요.

→ Je _____ du restaurant.

 '너는 오늘 마리랑 데이트하니?'를 완성해 보세요.

→ Tu _____ Marie aujourd'hui ?

정답 1. sors | 2. sors avec

Leçon 092 나갈까? 데이트할까? sortir 동사

Unité 15 종합 연습문제

A 다음 문제를 풀어 보세요.

1 다음 중 entrer 동사의 활용이 옳지 않은 문장은?

① J'entre dans la chambre.
② Tu entrez dans la salle de bain.
③ Nous entrons dans le restaurant.
④ Ils entrent dans la maison.

2 전치사 'dans'의 올바른 의미는?

① ~에서
② ~와 함께
③ ~ 안에
④ ~ 위에

3 '그는 식당 안에 들어간다.'를 올바르게 표현한 문장은?

① Il entre dans le restaurant.
② Il entre à le restaurant.
③ Il entre de le restaurant.
④ Il entre chez le restaurant.

4 다음 중 sortir 동사의 활용이 옳지 않은 문장은?

① Je sors du restaurant.
② Nous sortons de la maison.
③ Vous sortez de la bibliothèque.
④ Elles sort du parc.

5 '그들은 그 식당에서 나간다.'를 올바르게 표현한 문장은?

① Ils sortent du restaurant.
② Ils sortent de restaurant.
③ Ils sortons du restaurant.
④ Ils sortent à restaurant.

6 '너는 오늘 마리와 데이트하니?'를 올바르게 표현한 문장은?

① Tu sort à Marie aujourd'hui ?
② Tu sors avec Marie aujourd'hui ?
③ Tu sors de Marie aujourd'hui ?
④ Tu sors Marie aujourd'hui ?

B 제시된 문장에 맞게 빈칸을 채워 보세요.

1 나는 방 안에 들어간다.

→ _____ dans la chambre.

2 당신은 식당 안에 들어가나요?

→ Vous _____ dans le restaurant ?

3 그들은 집 안에 들어가지 않는다.

→ Ils _____ dans la maison.

4 그녀는 일요일마다 외출한다.

→ Elle _____ le _____ .

5 당신은 집에서 나간다.

→ Vous _____ maison.

6 당신은 오늘 Jean과 데이트하세요?

→ _____ Jean aujourd'hui ?

프랑스어 기초 회화 표현을 큰 소리로 읽으면서 연습해 보세요!

On doit acheter un billet.
우리 표 사야 해.

On sort demain ?
내일 나갈까?

Où tu veux.
네가 원하는 곳이면 어디든.

Ils n'entrent pas dans la maison.
그들은 집에 들어가지 않는다.

Nous sortons le dimanche.
우리는 일요일마다 외출한다.

Vous sortez avec Jean aujourd'hui ?
당신은 오늘 Jean과 데이트 하세요?

Unité 16

배운 동사도 다시 보자!

무료 MP3 바로 듣기

Leçon 093

être 동사를 활용한 다양한 표현

나 다이어트 중이야!
être 동사와 전치사

오늘의 체크 포인트

↘ être 동사를 활용한 새로운 표현들을 알아봐요.
↘ être 동사가 전치사를 만나 사용되는 형태들을 알아봐요.
↘ être 동사를 주어에 맞게 변화시키고 표현을 발음해봐요.

❶ 이것만은 알고 가자!

- 활용을 좋아하는 프랑스어!
- 지금까지 많은 동사들을 배웠는데요, 이미 배운 동사를 사용해 다양한 표현을 할 수 있어요. 오늘은 être 동사를 활용한 새로운 표현들을 알아봐요.

❷ être 동사 활용 표현

| être 동사 | + | 전치사 | + | 명사 |

① être au régime 다이어트를 하다 (다이어트 중이다)

Je suis au régime.	나는 다이어트 중이다.
Il est au régime en ce moment.	그는 요즘 다이어트 중이다.
Elles sont au régime en ce moment.	그녀들은 요즘 다이어트 중이다.

● 어휘 régime n.m 다이어트 | en ce moment 요즘

② être en colére 화가 나다

| Je suis en colère. | 나는 화가 난다. |

264 주미에르의 처음 프랑스어

Tu es en colère contre elle ? 너 그녀한테 화가 났니?
Nous sommes en colère contre toi. 우리는 너한테 화났어.

○ 어휘 colère n.f 화 | contre ~에 대하여/반하여

③ être en forme 컨디션이 좋다 / 기분이 좋다

Je suis en forme. 나는 컨디션이 좋다.
Elle est en forme aujourd'hui. 그녀는 오늘 컨디션이 좋다.
Vous êtes en forme aujourd'hui ? 당신은 오늘 컨디션이 좋으세요?

○ 어휘 forme n.f 컨디션, 상태

 처음 회화

 **Vous êtes en forme ce matin ?**
오늘 아침 컨디션 괜찮아요?

 **Non, j'ai besoin d'un café.**
아니요, 커피 한 잔이 필요해요.

Quiz 1 '나는 다이어트 중이다.'를 완성해 보세요.

→ Je _____ au _____.

Quiz 2 '당신은 화가 나세요?'를 완성해 보세요.

→ Vous _____ en _____ ?

Quiz 3 '그는 컨디션-이 좋다.'를 완성해 보세요.

→ Il _____ en _____.

정답 1. suis, régime | 2. êtes, colère | 3. est, forme

Leçon 093 나 다이어트 중이야! être 동사와 전치사

aller 동사를 활용한 다양한 표현

Leçon 094

너한테 잘 어울려~
aller 동사

오늘의 체크 포인트

↳ aller 동사를 활용한 새로운 표현을 알아봐요.
↳ aller 동사를 주어에 맞게 변화시키고 표현을 발음해봐요.

❶ 이것만은 알고 가자!

- **aller 동사도 만능?!**
- Leçon 065에서 배웠던 aller 동사도 만능으로 사용할 수 있어요. 잘 지낸다고 말할 때, 일이 잘 진행될 때, 잘 어울린다고 말할 때 모두 aller 동사를 사용해요!

❷ aller 동사 활용 표현

① 안부를 말할 때

Je vais bien.	나는 잘 지낸다
Tu vas bien ?	너는 잘 지내니?
Ça va ?	잘 지내? / 괜찮아?

✪ TIP Leçon 010에서 배운 안부 표현들 기억나요? 이 동사들이 aller 동사였다는 사실!

② 일의 진행 상태를 말할 때

Tout va bien.	모든 것이 잘 흘러간다.
Mon travail, ça va bien.	나의 일은 잘 진행되고 있다.
Ça ne va pas bien.	(일, 상황 등이) 잘 흘러가지 않는다.

③ 어울린다고 말할 때

| Cette robe vous va bien. | 이 원피스는 당신에게 잘 어울린다. |

TIP 여기서 vous는 '당신에게' 라는 뜻의 간접 목적 보어 대명사예요.

| Ce pantalon va bien avec ce manteau. | 이 바지는 이 겉옷과 잘 어울린다. |
| Cette couleur va bien avec le salon. | 이 색깔은 거실과 잘 어울린다. |

어휘 pantalon n.m 바지 | manteau n.m 겉옷, 외투 | salon n.m 거실

처음 회화

Ce sac me va ?
이 가방 나한테 어울려?

Il est un peu grand pour toi !
너한테 조금 크다!

 '나는 잘 지낸다.'를 완성해 보세요.

→ Je _____.

 '나의 일은 잘 진행되고 있다.'를 완성해 보세요.

→ Mon travail, ça _____.

 '이 색깔은 거실과 잘 어울린다.'를 완성해 보세요.

→ Cette couleur _____ le salon.

정답 1. vais bien | 2. va bien | 3. va bien avec

근접 미래

Leçon 095
너 뭐 할거야? aller 동사로 가까운 미래 표현하기

오늘의 체크 포인트

↪ aller 동사를 사용해 간단한 미래 표현을 해봐요.
↪ <aller 동사 + 동사원형> 구조에 익숙해져 봐요.
↪ 미래를 나타내는 단어들과 함께 말해봐요.

❶ 이것만은 알고 가자!

- 미래 표현! aller 와 함께~
- 'aller + 동사원형' 구조를 사용하면 가까운 미래를 말할 수 있어요!

❷ aller 동사로 미래 말하기

| aller 현재형 | + | 동사원형 | + | 시간 표현 |

aller + 동사원형 표현으로 기본적으로 가까운 미래를 표현할 수 있는데, 시간 표현과 함께 사용하면 좀 더 구체적인 미래를 나타낼 수 있어요!

Je vais aller à Paris.	나는 파리에 갈 거야.
Je vais aller à Paris demain.	나는 내일 파리에 갈 거야.
Tu vas prendre le métro ?	너는 지하철을 탈 거야?
Tu vas prendre le métro plus tard ?	너는 이따가 지하철을 탈 거야?
Elle va mettre une robe.	그녀는 원피스를 입을 거야.
Elle va mettre une robe ce soir.	그녀는 오늘 저녁에 원피스를 입을 거야.

○ 어휘 plus tard 이따가

Nous allons partir en vacances.
Nous allons partir en vacances en mars.
Ils vont regarder un film.
Ils vont regarder un film à 2 h.

우리는 휴가 갈 거야.
우리는 3월에 휴가 갈 거야.
그들은 영화를 볼 거예요.
그들은 2시에 영화를 볼 거예요.

● 어휘 en mars 3월에 | regarder 보다 | film n.m 영화

aller + 동사원형 (근접미래)의 부정문은 aller 동사의 앞뒤로 ne pas를 붙여요!

Vous n'allez pas sortir de la maison ?
Vous n'allez pas sortir de la maison ce week-end ?

당신은 집에서 안 나갈 건가요?
당신은 이번 주말에 집에서 안 나갈 건가요?

처음 회화

Tu vas faire du shopping ce week-end ?
이번 주말에 쇼핑할 거야?

Oui, mais juste pour regarder.
응, 근데 구경만 할 거야.

Quiz 1 '나는 내일 파리에 갈 거야.'를 완성해 보세요.

→ Je _____ à Paris demain.

Quiz 2 '너는 오늘 저녁에 영화를 볼 거야?'를 완성해 보세요.

→ Tu _____ un film ce soir ?

정답 1. vais aller | 2. vas regarder

Leçon 095 근접 미래

근접 과거

Leçon 096
나 방금 샤워 했어! venir 동사로 가까운 과거 표현하기

오늘의 체크 포인트

↳ venir 동사를 사용해 간단한 과거 표현을 해봐요.
↳ <venir 동사 + de + 동사원형> 구조에 익숙해져 봐요.
↳ 다양한 문장들을 생생하게 발음해 봐요.

❶ 이것만은 알고 가자!

- 과거 표현! venir 와 함께~
- 'venir + de + 동사원형' 구조를 사용하면 가까운 과거를 말할 수 있어요!

❷ venir 동사변화 복습

venir 오다	Je	viens	Nous	venons
	Tu	viens	Vous	venez
	Il / Elle / On	vient	Ils / Elles	viennent

❸ venir 동사로 가까운 과거 말하기

venir 동사 + de + 동사원형

'venir + de + 동사원형' 표현으로 조금 전에 막 일어난 과거의 일을 말할 수 있어요. '방금, 막'의 뉘앙스를 나타낸답니다.

Je viens de manger du pain. 나는 (방금, 막) 빵을 먹었다.
Tu viens de commencer le travail ? 너는 (방금, 막) 일을 시작했니?
Elle vient de finir le jeu. 그녀는 (방금, 막) 게임을 끝냈다.
Nous venons de choisir cela. 우리는 (방금, 막) 이것을 선택했다.
Vous venez de prendre le bus ? 당신은 (방금, 막) 버스를 탔나요?
Ils viennent d'arriver à Paris. 그들은 (방금, 막) 파리에 도착했다.

✪ TIP de 뒤에 모음이나 무성 h로 시작하는 동사원형이 오면 d'로 축약해요!

처음 회화

Tu veux encore un dessert ?
디저트 하나 더 먹을래?

Non, je viens de finir ma glace !
아니, 방금 아이스크림 다 먹었어!

Quiz 1 '나는 방금 파리에 도착했다.'를 완성해 보세요.

→ Je _____ d'_____ à Paris.

Quiz 2 '너는 방금 버스를 탔니?'를 완성해 보세요.

→ Tu _____ le bus ?

Quiz 3 '당신은 방금 일을 끝냈나요?'를 완성해 보세요.

→ _____ le travail ?

정답 1. viens, arriver | 2. viens de prendre | 3. Vous venez de finir

Leçon 096 나 방금 샤워 했어! venir 동사로 가까운 과거 표현하기

Leçon 097

arriver 동사를 활용한 다양한 표현

잠이 안 와.. arriver 동사로 상태 표현하기

오늘의 체크 포인트

↳ arriver 동사를 사용해 상태 표현을 해봐요.
↳ <arriver 동사 + à + 동사원형> 구조에 익숙해져 봐요.
↳ 다양한 문장들을 생생하게 발음해 봐요.

❶ 이것만은 알고 가자!

- **상태 표현!** arriver 와 함께~
- 'arriver 현재형 + à + 동사원형' 구조를 사용하면 상태를 표현할 수 있어요. 그런데 이 구조는 'Je n'arrive pas à ~'처럼 부정문으로 자주 써요!

❷ arriver 동사변화 복습

arriver 도착하다	J'	arrive	Nous	arrivons
	Tu	arrives	Vous	arrivez
	Il / Elle / On	arrive	Ils / Elles	arrivent

❸ arriver 동사로 상태 말하기

Je + n'arrive pas à + 동사원형

<Je n'arrive pas à + 동사원형> 형태로 '~할 수 없다 / ~하기 어렵다'라는 뜻을 나타낼 수 있어요.

Je n'arrive pas à dormir.	나는 잠을 못 자겠어.
Tu n'arrives pas à manger ?	너 못 먹겠어?
Il n'arrive pas à marcher.	그는 걷지 못하겠다.
Nous n'arrivons pas à bouger.	우리는 못 움직이겠어.
Vous n'arrivez pas à comprendre cela ?	당신은 이것을 이해하지 못하시겠어요?
Elles n'arrivent pas à réagir.	그녀들은 반응을 하지 못하겠다.

○ 어휘 bouger 움직이다 | comprendre 이해하다 | réagir 반응하다

Je n'arrive pas à me concentrer.
나 집중을 못 하겠어.

Moi non plus.
나도 그래.

Quiz 1 '나는 못 자겠다.'를 완성해 보세요.

→ Je n'_____ pas à dormir.

Quiz 2 '못 드시겠어요?'를 완성해 보세요.

→ Vous n'_____ pas à _____ ?

Quiz 3 '(너) 못 움직이겠어?'를 완성해 보세요.

→ Tu n'_____ pas à _____ ?

정답 1. arrive | 2. arrivez, manger | 3. arrives, bouger

Leçon 097 잠이 안 와.. arriver 동사로 상태 표현하기

Unité 16 종합 연습문제

A 다음 문제를 풀어 보세요.

1 다음 중 être 동사의 활용이 옳지 않은 문장은?

① Je suis au régime.

② Nous sommes en colère.

③ Ils est en forme.

④ Tu es à la maison.

2 '그녀는 오늘 컨디션이 좋다.'를 올바르게 표현한 문장은?

① Elle est en forme aujourd'hui.

② Elle est en régime.

③ Elle est en colère.

④ Elle est au travail.

3 '이 원피스는 이 겉옷과 잘 어울린다.'를 올바르게 표현한 문장은?

① Cette robe est bien avec ce manteau.

② Cette robe va mal avec ce manteau.

③ Cette robe ne va pas bien avec ce manteau.

④ Cette robe va bien avec ce manteau.

4 '그들은 2시에 영화를 볼 거예요.'를 올바르게 표현한 문장은?

① Ils regardent un film à 2 h.

② Ils vont regarder un film à 2 h.

③ Ils vont regardé un film à 2 h.

④ Ils regardaient un film à 2 h.

5 '당신은 방금 버스를 탔나요?'를 올바르게 표현한 문장은?

① Tu viens de prendre un bus ?

② Vous venez prendre le bus ?

③ Vous venez de prendre le bus ?

④ Vous venez de prendre un train ?

6 '나는 잠을 못 자겠어'를 올바르게 표현한 문장은?

① J'arrive à dormir.

② Je ne arrive pas dormir.

③ Je ne arriver pas dormir.

④ Je n'arrive pas à dormir.

B 제시된 문장에 맞게 빈칸을 채워 보세요.

1 나는 다이어트 중이다.
→ _____ au régime.

2 그는 화가 났다.
→ _____ en colère.

3 우리 이따가 지하철 탈 거야?
→ Nous _____ le métro plus tard ?

4 너는 이번 주말에 집에서 안 나갈 거야?
→ _____ ne _____ pas _____ de la maison ce week-end ?

5 그녀는 방금 일을 시작했나요?
→ Elle _____ le travail ?

6 당신은 이것을 이해하지 못하시겠어요?
→ Vous _____ à _____ cela ?

무료 동영상 바로 보기

프랑스어 기초 회화 표현을 큰 소리로 읽으면서 연습해 보세요!

Vous êtes en forme ce matin ?

오늘 아침 컨디션 괜찮아요?

Ce sac me va ?

이 가방 나한테 어울려?

Tu vas faire du shopping ce week-end ?

이번 주말에 쇼핑할 거야?

Oui, mais juste pour regarder.

응, 근데 구경만 할거야.

Je n'arrive pas à me concentrer.

나 집중을 못 하겠어.

Moi non plus.

나도 못 하겠어.

Unité 17

매력적인 프랑스어 표현들!

무료 MP3 바로 듣기

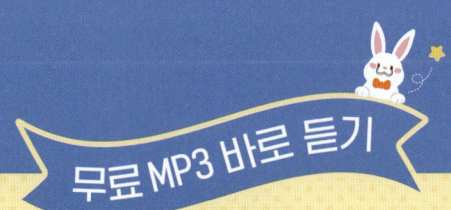

활용도 최고! 진짜 원어민들이 쓰는 표현 (1)

Leçon 098
프랑스어로 문자를 한다면? 문자 줄임말!

오늘의 체크 포인트

- 프랑스어로 문자를 할 때 쓰는 줄임말들을 알아봐요.
- 각각의 줄임말들의 원래 표현들을 알아봐요.
- 이제까지 배운 인사말들을 문자로 편하게 써 봐요.

❶ 프랑스어 문자 줄임말

우리도 문자할 때 줄임말을 자주 사용하죠? 프랑스에서도 철자 몇 개만 말하는 등 문자 보낼 때 줄임말을 자주 써요!

표현	cc ✋ Coucou	slt ✋ Salut
뜻	안녕 (친구에게 가볍게 보낼 때)	안녕

표현	mrc bcp 🫶 Merci beaucoup	jtm ♡ Je t'aime.
뜻	정말 고마워	사랑해

✪ TIP Merci 라고만 할 때도 mrc, beaucoup만 따로 쓸 때도 bcp라고 할 수 있어요.

표현	dsl 🙇 Désolé(e).	mdr 😂 Mort de rire
뜻	미안해	웃겨 죽겠다 (ㅋㅋㅋ)

✪ TIP 정말 웃길 땐 'mdrrrr'처럼 r를 여러 개 써서 표현해요.

표현	dak 😊	a2m1 🤩	a+ 😎
	D'accord	À demain	À plus tard
뜻	알겠어 / 응	내일 봐	이따 봐

⭕ TIP 'À demain'은 발음의 유사성을 활용해, a + 2 (deux) + m1 (m+un)으로 줄여서 말해요. 그리고 'À plus tard'는 구어에서는 'À plus'로 줄여 말하기도 하는데, 이걸 문자로 보낼 땐 plus 를 +로 표현해요.

처음 회화

A2m1 !
내일 봐!

Oui, a2m1, dors bien !
응, 내일 봐, 잘 자!

Quiz 1 친구에게 문자로 내일 보자고 보내 보세요.

→

Quiz 2 'ㅋㅋㅋ'와 같이 웃기다는 표현을 문자로 써 보세요.

→

정답 1. a2m1 | 2. Mdr

Leçon 098 프랑스어로 문자를 한다면? 문자 줄임말!

Leçon 099

활용도 최고! 진짜 원어민들이 쓰는 표현 (2)

거꾸로 말해요! 프랑스어의 은어 verlan

오늘의 체크 포인트

↳ 프랑스어의 슬랭들 중 verlan을 알아봐요.
↳ 다양한 verlan을 생생하게 발음해 봐요.

❶ 이것만은 알고 가자!

- verlan 이란?

- 우리도 새로운 은어나 슬랭 표현들이 자꾸 생겨나죠? 프랑스어에도 이런 말이 있는데요, verlan 은 '단어의 음절을 거꾸로 말하는 은어'를 일컫는 말이에요. Verlan 이라는 단어 자체도 l'envers (반대) 라는 단어를 거꾸로 말한 단어예요!

❷ 프랑스어의 은어, verlan

표현	ouf	chelou	zarbi
	fou	louche	bizarre
뜻	미쳤다!, 대박!	이상한, 수상한	이상한, 낯선
용법	놀라거나 감탄할 때	뭔가 의심스러울 때	뭔가 특이하거나 생소할 때

표현	cimer	meuf
	merci	femme
뜻	고마워	여자
용법	친구들끼리 장난스럽게 사용할 때	친근하게 여자를 지칭할 때

❸ Verlan, 직접 말해 보자!

C'est ouf !	C'est zarbi !	C'est chelou.
미쳤다! 대박!	이상해!	이상해.

처음 회화

 **Regarde cette vidéo de chat, il danse !**
이 고양이 영상 봐, 춤추고 있어!

 **C'est ouf !**
미쳤다!

 '미쳤다!'를 verlan을 사용해 말해 보세요.

→

 '고마워요'를 verlan을 사용해 말해 보세요.

→

정답 1. ouf 2. Cimer

Leçon 099 프랑스어로 문자를 한다면? 문자 줄임말! **281**

프랑스 여행 전 이건 꼭 알고 가자! 필수 문장 TOP 10

Leçon 100

필수 만능 문장 10선

오늘의 체크 포인트

➤ 프랑스어 마법의 단어들을 알아봐요.
➤ 프랑스에서 반드시 사용하게 되는 필수 문장들을 알아봐요.

❶ 이것만 알고 가자!

• 프랑스어의 les mots magiques !

Bonjour	Merci	S'il vous plaît
안녕하세요	감사합니다	부탁합니다

✪ TIP 간단한 말들로 존중을 표현할 수 있답니다!

❷ 필수 문장 10선

Bonjour / Bonsoir. 안녕하세요.

✪ TIP 함께 사용하면 좋은 말 : monsieur (남성 존칭), madame (여성 존칭)

Bonne journée / Bonne soirée. 좋은 하루/저녁 보내세요.

✪ TIP 함께 사용하면 좋은 말 : Au revoir (헤어질 때 인사)

Vous avez de l'eau ? 물 있나요?

✪ TIP 함께 사용하면 좋은 말 : Excusez-moi (실례합니다), s'il vous plaît (please)

C'est bon. 맛있다. / 좋다.

✪ TIP 비슷하게 쓸 수 있는 말 : C'est parfait. (완벽하다 / 딱이다), C'est top. (최고다 / 너무 좋다)

Où sont les toilettes ? 화장실이 어디에 있나요?

Je voudrais cela, s'il vous plaît. 이거 주세요. (부탁합니다.)

Je peux essayer cela, s'il vous plaît ? 이거 입어봐도 될까요?

C'est combien ? 이거 얼마예요?

L'addition, s'il vous plaît. 계산서 부탁합니다.

Comment aller à la Tour Eiffel, s'il vous plaît ? 에펠탑에는 어떻게 가나요?

처음 회화

Comment aller à la Tour Eiffel, s'il vous plaît ?
에펠탑 가려면 어떻게 가요?

C'est facile, suivez les touristes.
쉬워요, 관광객들 따라가세요.

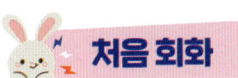 종업원에게 계산서를 부탁해 보세요.

→ _____-____, _____, s'il vous plaît.

 '감사합니다. 좋은 하루 보내세요!' 라고 말해 보세요.

→ _____, _____!

정답 1. Excusez-moi, l'addition 2. Merci, bonne journée !

Unité 17 종합 연습문제

A 다음 문제를 풀어 보세요.

1 프랑스어 문자 줄임말 cc의 원래 표현은?
① salut
② coucou
③ merci
④ couscous

4 '이상하다'라는 의미를 가진 verlan 표현은?
① chelou
② cimer
③ ouf
④ dak

2 '미안해'라는 뜻을 가진 문자 줄임말은?
① mdr
② a+
③ jtm
④ dsl

5 다음 중 '이거 얼마예요?'를 간단하게 표현한 문장은?
① Vous avez de l'eau ?
② Où sont les toilettes ?
③ C'est combien ?
④ Je peux essayer cela ?

3 프랑스어의 은어 verlan의 뜻은?
① 반대로 말하는 은어
② 줄임말
③ 감탄사
④ 예의 바른 표현

6 프랑스어로 '계산서 부탁합니다.'를 올바르게 표현한 문장은?
① Vous avez de l'eau ?
② Comment aller à la Tour Eiffel ?
③ L'addition, s'il vous plaît.
④ Bonne journée.

B 제시된 문제에 맞게 답변하세요.

1 "À demain!"을 문자 줄임말로 쓰세요.

→ _____

2 "Je t'aime."를 문자 줄임말로 프랑스어로 쓰세요.

→ _____

3 "C'est fou !"를 Verlan을 사용해 표현하세요.

→ C'est _____ !

4 "Merci"를 Verlan으로 변환한 표현을 쓰세요.

→ _____

C 제시된 문장에 맞게 빈칸을 채워 보세요.

1 실례합니다, 화장실이 어디에 있나요?

_____ - _____ , où sont les _____ ?

2 이거 입어봐도 될까요?

→ Je peux _____ cela, _____ ?

무료 동영상 바로 보기

프랑스어 기초 회화 표현을 큰 소리로 읽으면서 연습해 보세요!

A2m1, dors bien !
내일 봐, 잘 자!

Regarde cette vidéo de chat.
이 고양이 영상 봐봐.

C'est ouf !
미쳤다!

Comment aller à la Tour Eiffel, s'il vous plaît ?
에펠탑 가려면 어떻게 가요?

Suivez les touristes.
관광객들 따라가세요.

C'est combien ?
얼마예요?

종합 연습문제

정답

종합 연습문제 정답

Unité 1.

A 1. ②
2. ③
3. ④
4. ③
5. ②
6. ②

B 1. chic
2. soupe
3. genre
4. escargot
5. crêpe
6. camembert

Unité 2.

A 1. ④
2. ①
3. ①
4. ②
5. ③
6. ①

B 1. français
2. rien
3. allez-vous
4. moi
5. soirée
6. week-end

Unité 3.

A 1. ④
2. ③
3. ①
4. ②
5. ②
6. ①

B 1. étudiante
2. chanteuse
3. amie
4. livres
5. chapeaux
6. choix

Unité 4.

A 1. ③
2. ③
3. ③

4. ④
5. ①
6. ④

B 1. un
2. une
3. les
4. l'
5. du
6. de la

Unité 5.

A 1. ③
2. ③
3. ①
4. ②
5. ③
6. ④

B 1. Je
2. C'est
3. Ce sont
4. toi
5. ne | pas
6. Est-ce que

Unité 6.

A 1. ②
2. ①
3. ③
4. ②
5. ②
6. ③

B 1. grand
2. sucré
3. petit
4. heureuse
5. nouveaux
6. gratuit

Unité 7.

A 1. ①
2. ②
3. ④
4. ④
5. ①
6. ④

B 1. quatre-vingts
2. 8 euros
3. soixante-dix-sept ans

C 1. neuf
   2. premier | première
   3. troisième

   4. ②
   5. ①
   6. ②

B 1. J'ai
   2. a
   3. Nous avons
   4. Vous avez
   5. ont
   6. Il y a | entre

Unité 8.

A 1. ①
   2. ④
   3. ③
   4. ④
   5. ③
   6. ②

B 1. ces
   2. ça
   3. ton
   4. leur
   5. le mien
   6. les vôtres

Unité 10.

A 1. ④
   2. ①
   3. ②
   4. ③
   5. ②
   6. ④

B 1. aime
   2. étudiez
   3. mangeons
   4. choisis
   5. finissent
   6. prends

Unité 9.

A 1. ②
   2. ③
   3. ③

Unité 11.

A
1. ①
2. ①
3. ②
4. ④
5. ②
6. ①

B
1. vais à
2. allez où
3. allons aux
4. vient de la
5. pars
6. arrives

Unité 12.

A
1. ①
2. ④
3. ②
4. ②
5. ①
6. ①

B
1. fais un
2. font
3. fais
4. Pourquoi | vous
5. froid
6. pleut

Unité 13.

A
1. ④
2. ①
3. ③
4. ①
5. ④
6. ①

B
1. veux
2. veulent
3. voudrais | s'il vous plaît
4. voudrais un pain au chocolat | s'il vous plaît
5. pouvons | maintenant
6. devez

Unité 14.

A
1. ②
2. ③

3. ③

4. ④

5. ②

6. ①

B 1. J'aime

2. m'

3. adorent

4. Vous | détestez

5. Quel | ton | préféré

6. Ma | préférée | rouge

Unité 15.

A 1. ②

2. ③

3. ①

4. ④

5. ①

6. ②

B 1. J'entre

2. entrez

3. n'entrent pas

4. sort | dimanche

5. sortez de la

6. Vous sortez avec

Unité 16.

A 1. ③

2. ①

3. ④

4. ②

5. ③

6. ④

B 1. Je suis

2. Il est

3. allons prendre

4. Tu | vas | sortir

5. vient de commencer

6. n'arrivez pas | comprendre

Unité 17.

A 1. ②

2. ④

3. ①

4. ①

5. ③

6. ③

B 1. A2m1

2. jtm

3. ouf

4. Cimer

C 1. Excusez-moi | toilettes

2. essayer | s'il vous plaît

MEMO

시원스쿨닷컴